150 Jahre
Wissen für die Zukunft
Oldenbourg Verlag

Vergütung von Führungskräften und Vermögensaufbau

von
Dr. Dr. Gerald Pilz

Oldenbourg Verlag München

Bibliografische Information der Deutschen Nationalbibliothek

Die Deutsche Nationalbibliothek verzeichnet diese Publikation in der Deutschen
Nationalbibliografie; detaillierte bibliografische Daten sind im Internet über
<http://dnb.d-nb.de> abrufbar.

© 2008 Oldenbourg Wissenschaftsverlag GmbH
Rosenheimer Straße 145, D-81671 München
Telefon: (089) 45051-0
oldenbourg.de

Lektorat: Wirtschafts- und Sozialwissenschaften, wiso@oldenbourg.de
Herstellung: Anna Grosser
Coverentwurf: Kochan & Partner, München
Coverbild: Ilker Yavuz
Gedruckt auf säure- und chlorfreiem Papier
Gesamtherstellung: Druckhaus „Thomas Müntzer" GmbH, Bad Langensalza

ISBN 978-3-486-58488-2

Inhaltsübersicht

Inhaltsverzeichnis

Teil 2 Vermögensaufbau

1   Einführung

Gehaltsfragen gehören zu den größten Tabuthemen in einem Unternehmen; und im Ausland wundert man sich über die ausgeprägte Geheimniskrämerei, die in Deutschland üblich zu sein scheint. Selbst die Vorstände von großen Aktiengesellschaften geben nur ungern die Höhe ihrer Bezüge bekannt. Ganz anders in den USA: Dort präsentiert man stolz und ohne Vorbehalte die Höhe des eigenen Einkommens, und es gibt sogar Ranglisten, die in renommierten Wirtschaftsmagazinen in regelmäßigen Abständen veröffentlicht werden.

Die in Deutschland übliche Praxis, Gehälter wie eine Verschlusssache mit höchster Geheimhaltung zu behandeln, hat zur Folge, dass viele Führungskräfte kaum Vergleichsmöglichkeiten haben und daher unsicher sind, was ihre Vergütung anbelangt. Könnte mancher einen Blick in die Personalakten der Kollegen werfen, würde sich sehr schnell großes Erstaunen ausbreiten. Selbst Führungskräfte, die auf derselben Ebene angesiedelt sind oder die gleiche Tätigkeit ausüben, unterscheiden sich in ihrem Gehalt bisweilen um bis zu hundert Prozent. Auch Bewerber, die beim Einstellungsgespräch zaghafte Zurückhaltung üben, verdienen oft weniger als eloquente Anwärter, die es verstehen, ihre Forderungen diplomatisch, aber konsequent durchzusetzen.

Doch nicht nur Arbeitnehmer und Führungskräfte tun sich schwer mit der Vergütung; auch die Personalabteilungen, die sich systematisch mit dem Gehaltsmanagement befassen, werden mit einer Vielzahl komplexer Fragen konfrontiert. Nicht nur die Höhe des Entgelts, sondern auch die anderen Formen der Vergütung sind längst zu einem so vielschichtigen Thema geworden, dass große Konzerne eigene Referenten beschäftigen, um neuartige Bewertungs- und Analyseverfahren zu implementieren. Andere Bereiche gewinnen zunehmend an Bedeutung wie beispielsweise die betriebliche Altersversorgung mit ihren bilanztechnischen und steuerrechtlichen Aspekten.

Dieses Buch richtet sich sowohl an Personalexperten, die ihre leistungsorientierten Entgeltmanagementsysteme weiterentwickeln möchten und sich mit der betrieblichen Altersversorgung befassen, als auch an Führungs- und Fachkräfte. Darüber hinaus sollten Sie als Führungs- oder Nachwuchskraft mit den Möglichkeiten der Vermögensplanung und -bildung besonders gut vertraut sein. Ihr finanzieller Erfolg hängt entscheidend davon ab, wie erfolgreich Sie Ihr Kapital anlegen und wie geschickt Sie Ihre Altersvorsorge planen. Gerade Führungskräfte, die über ein überdurchschnittliches Einkommen verfügen, sollten sich – unabhängig von ihrem Finanz- und Kundenberater – mit den Grundzügen der Vermögensanlage befassen, um selbst sachkundige Entscheidungen treffen zu können.

In diesem Sinne soll Ihnen das vorliegende Werk einen umfassenden Einblick in die Komplexität moderner Entgeltsysteme vermitteln und Ihnen zeigen, wie Sie Ihre Vergütung optimieren und langfristig Ihr Vermögen besser verwalten können.

Teil 1
Vergütung

2 Vergütungssysteme

Das folgende Kapitel gibt eine Definition der Begriffe *Entgeltmanagement* und *Entgeltpolitik*. Es folgt eine Einführung in die Bedeutung allgemeiner Faktoren für existierende Entgeltsysteme.

Der Begriff Vergütungssysteme fasst zwei verschiedene Teilbereiche zusammen, nämlich das Entgeltmanagement (Gehaltsmanagement) und das Sozialleistungsmanagement. Das Entgeltmanagement ist in den letzten Jahren immer komplexer geworden, da neue Formen der Entgeltflexibilisierung zunehmend an Gestalt gewinnen; insbesondere im Zusammenhang mit neuen Arbeitszeitregelungen wurde eine Vielzahl von neuen Entgeltformen entwickelt. Aber auch im Sozialleistungsmanagement entstehen neue Herausforderungen durch die betriebliche Altersversorgung und die Kapitalbeteiligung von Arbeitnehmern. Grundlage für eine Forcierung komplexer Entgeltsysteme ist auch das Stakeholder-Konzept. Als Stakeholder wird eine Person oder Gruppierung bezeichnet, die ihre berechtigten Interessen wahrnimmt. Im Gegensatz zum Shareholder-Value-Prinzip, das die Bedürfnisse und Erwartungen der Anteilseigner eines Unternehmens in den Mittelpunkt rückt, versucht das Prinzip des Stakeholders das Unternehmen in seinem gesamten Kontext zu erfassen. Ähnlich wie das im Marketing verbreitete Customer-Relationship-Management (CRM), das die Beziehung zu den Kunden auf eine systematische Basis stellt, umfasst das Prinzip des Stakeholder-Relationship-Managements (SRM) zusätzliche Aspekte, da es versucht, die Beziehungen eines Unternehmens zu den Anspruchsgruppen genauer zu definieren. Als Stakeholder werden neben den Shareholdern (die Eigentümer) die Mitarbeiter und die Kunden, die Lieferanten, die Kapitalmärkte, der Staat sowie die Öffentlichkeit genannt.

Im Rahmen des Entgeltmanagements sind die Mitarbeiter und die Führungskräfte von besonderer Bedeutung.

2.1 Das Entgeltmanagement

Der allgemeine Begriff Entgelt beschreibt die Vergütung eines Arbeitnehmers für die geleistete Arbeit. Die Personalentlohnung ist eine der Grundfunktionen des Personalwesens. Sie bezieht sich auf die Lohn- und Gehaltsabrechnung, aber auch auf betriebliche Anreizsysteme.

In einem Unternehmen sind sehr unterschiedliche Leistungen von Arbeitnehmern zu entlohnen. Demzufolge sind folgende Formen der Personalentlohnung zu unterscheiden:

- geldliche Leistungen, z.B. als Löhne, Gehälter, Zulagen, Gratifikationen, Prämien
- geldwerte Leistungen, z.B. Überlassung von Dienstwagen

Als Lohnformen gelten:

- der Zeitlohn, bei dem ein bestimmter Lohnbetrag pro Zeiteinheit gezahlt wird, wie z.B. Monatslohn, Wochenlohn, Tageslohn und Stundenlohn;
- der Prämienlohn, bei dem außer dem Grundlohn (Fixum) noch eine Prämie als leistungsabhängiger Teil des Lohns gezahlt wird;
- der Akkordlohn, bei dem vor allem die geleistete Arbeitsmenge zu vergüten ist, d.h. es besteht ein unmittelbarer Bezug zur Personalleistung;
- der Beteiligungslohn als Erfolgsbeteiligung (Leistungs-, Ertrags- und Gewinnbeteiligung) oder als Kapitalbeteiligung (z.B. Fremd- bzw. Eigenkapitalbeteiligung).

Die Aufwendungen für das Entgelt haben Auswirkungen auf die Personalkosten und die Gesamtkosten und beeinflussen die Wettbewerbsfähigkeit eines Unternehmens.

Im Entgeltmanagement unterscheidet man zwei Grundkategorien von Entgeltkomponenten, nämlich das Direktentgelt und die Sozialleistungen, mit denen sich das Sozialleistungsmanagement befasst. Das Direktentgelt wird auch als Gehalt oder Lohn bezeichnet. Die Sozialleistungen umfassen alle Formen der Vergütung, die gesetzlich vorgeschrieben sind oder die zusätzlich vom Unternehmen gewährt werden. Hierzu zählen beispielsweise Fahrtkosten- und Essenszuschüsse, aber auch Mitarbeiterdarlehen und andere Leistungen.

In der globalisierten Weltwirtschaft des 21. Jahrhunderts zeichnet sich zunehmend eine Tendenz ab, die dem Direktentgelt nur noch eine sekundäre Bedeutung zuschreibt. Die anderen Entgeltkomponenten sowie Kapital- und Gewinnbeteiligungen erfahren eine größere Bedeutung. Solche neuen Entgeltsysteme werden auch als Cafeteria-Systeme bezeichnet.
Durch die größere Flexibilität dieser Cafeteria-Systeme verliert das Kriterium Arbeitszeit seine zentrale Stellung, da leistungsbezogene Entgeltkomponenten in den Vordergrund rücken und eine individualisierte Vergütung ermöglichen.

Die Aufgabe der Entgeltpolitik im Unternehmen besteht darin, die Leistungsfähigkeit der Arbeitnehmer zu erhöhen und die Motivation zu stärken. Beim Direktentgelt (Fixgehalt) ist der Spielraum für eine dynamische Entgeltpolitik wesentlich geringer ausgeprägt als bei den variablen Entgeltkomponenten, die sich an der Leistungsstärke des Mitarbeiters orientieren.

Ein systematisches Entgeltsystem ist zugleich Teil eines umfassenden Personalmarketing, das darauf ausgerichtet ist, das Unternehmen auf den einzelnen Segmenten des Arbeitsmarkts wettbewerbsfähig zu platzieren. Ohne ein differenziertes Personalmarketing, das explizit die Zielgruppe auf dem Arbeitsmarkt definiert, ist es nicht möglich, das Personalportfolio leistungsgerecht zu optimieren. Leistungsorientierte Entgeltsysteme sind immer eng verflochten mit den Anforderungen der Personalpolitik und des Personalmarketing.
Darüber hinaus trägt ein differenziertes Entgeltsystem entscheidend zur Stärkung der Corporate Identity und der Unternehmenskultur bei. Es erhöht das Ausmaß des Commitments, das der einzelne Mitarbeiter an den Tag legt, und trägt zur intensiveren Identifikation mit den Unternehmenszielen bei. Das Entgeltmanagement hat zudem die Aufgabe, qualifizierte Mitarbeiter stärker an das Unternehmen zu binden und die Personalfluktuation zu senken, um Personalkosten, die bei der Rekrutierung von neuen Mitarbeitern entstehen, zu reduzieren. Insbesondere die betrieblichen Sozialleistun-

gen können bewirken, dass eine stärkere Bindung an das Unternehmen entsteht.

Dies war vor allem vor dem Jahr 2002 der Fall; die meisten Mitarbeiter blieben zumindest so lange im Unternehmen, bis die Unverfallbarkeit der betrieblichen Altersvorsorge eintrat, denn niemand wollte durch einen vorzeitigen Stellenwechsel in Kauf nehmen, dass die bereits zugesagte Betriebsrente verfiel. Mit der Novellierung des Altersvermögensgesetzes, das im Januar 2002 in Kraft trat, wird die Unverfallbarkeit von Anwartschaften bereits nach fünf Jahren Betriebszugehörigkeit festgeschrieben. Betriebliche Altersversorgung, die auf der Umwandlung von einem Teil des Entgelts entsteht, ist sofort unverfallbar. Dadurch steigt auch die Bereitschaft von Mitarbeitern, die sich weniger mit dem Unternehmen identifizieren können, nach fünf Jahren oder eventuell schon früher einen Arbeitsplatzwechsel vorzunehmen. Eine solche Fluktuation wird aber durch die immer häufiger angebotenen Zeitwertkonten verhindert; bei diesen hat der Arbeitnehmer die Möglichkeit, Überstunden oder Teile des Entgelts auf einem Konto anzusparen, um so früher in den Ruhestand zu gehen oder eine Freistellung in Form eines Sabbaticals zu erhalten.

Bei Arbeitnehmern spielt für die Beurteilung des Entgeltmanagements eine Reihe von verschiedenen Aspekten eine Rolle. Beispielsweise werden Preisvorteile, die sich durch Belegschaftsrabatte ergeben, gerne wahrgenommen. Dies gilt auch für günstige Gruppenversicherungen, für den Personaleinkauf und andere Vergünstigungen. Auch Mitarbeiterdarlehen und die Möglichkeit, einen Firmenwagen zu nutzen, gehören zu den besonders attraktiven Leistungen. Daneben haben Statussymbole einen wichtigen Stellenwert, da sie die herausragende Stellung eines Mitarbeiters unterstreichen und ihm einen höheren Rang zubilligen. Solche Statussymbole reichen von einer besonderen Visitenkarte über den reservierten Parkplatz und die Nutzung eines Laptops bis hin zum eigenen Chauffeur und der Bereitstellung einer Haushaltshilfe.

Hochqualifizierte Führungskräfte orientieren sich zudem an postmateriellen Werten und verstehen ihren Beruf als Weg zur Selbstverwirklichung; für sie sind solche Kriterien wie Eigenständigkeit, Weiterbildungsmöglichkeiten, Einflussnahme und Zeitsouveränität wichtige Kriterien für die strategische Karriereplanung. Der Führungsstil und das Betriebsklima sind entscheidende Determinanten für die Bindung an ein Unternehmen besonders bei überdurchschnittlich qualifizierten Mitarbeitern. Auch das Sozialleistungsmanagement sollte sich am Personalmarketing orientieren und in ein Gesamtsystem der Entgeltpolitik integriert sein.

2.2   Die Entgeltpolitik

Die Entgeltpolitk ist Teil der Personalpolitik, die sich an den strategischen und taktischen Unternehmenszielen orientiert. Eine wettbewerbsbezogene Entgeltpolitik wird neben dem Personalmarketing, das für die Rekrutierung eine entscheidende Rolle spielt, stets auch eine Flexibilisierung der Personalkosten anstreben.

Die Entgeltpolitik umfasst sämtliche Entscheidungen der Personalverantwortlichen, die auf die Prozesse der Entgeltfindung einwirken und damit das betriebliche Entgeltniveau sowie die direkten Personalkosten bedingen. Die besondere Bedeutung der Entgeltpolitik im Rahmen der Personalpolitik ergibt sich einerseits aus der unmittelbaren Wirkung auf die Wettbewerbssituation des Unternehmens und anderseits aus den eher mittelbaren Einflüssen auf das Leistungsverhalten der Arbeitnehmer.

Die Möglichkeit der Anreiz- und Entgeltgestaltung hilft den betrieblichen Führungskräften, im Rahmen der Personalführung beim Mitarbeiter verhaltensbestärkende Mechanismen zu aktivieren. Auf der Grundlage der Personalbeurteilung und innerhalb des Entgeltsystemrahmens ist es eine bedeutende Aufgabe der Führungskräfte vor Ort, eine Differenzierung leistungsbezogener Entgeltbestandteile vorzunehmen, die unterschiedlichen Leistungsniveaus der Mitarbeiter gerecht wird.

Die betriebliche Entgeltpolitik erfolgt immer vor dem Hintergrund des Arbeitsentgelts als zentraler Kostengröße im Unternehmen. Für Deutschland sind zu unterscheiden:

Die Personalbasiskosten, welche in unmittelbarem Zusammenhang zur Leistungserstellung des Arbeitnehmers stehen, z.B. Zeitlohn, Leistungslohn und Prämienlohn als direkter Lohn.

Die Personalnebenkosten, die auch als Personalzusatzkosten bezeichnet werden. Sie gehen über die Basiskosten hinaus (z.B. Sozialkosten, Weihnachtsgratifikation, Urlaubsgratifikation bzw. Arbeitgeberbeiträge zur Sozialversicherung) und zählen zu den Elementen der Personalbetreuung. Sozialkosten (Sozialaufwand) sind ein Teil der Arbeitskosten. Sie stellen alle Kosten dar, die in einem Unternehmen aus sozialen Gründen entstehen wie Arbeitgeberanteile an den gesetzlichen Sozialversicherungen (Rentenversicherung, Arbeitslosenversicherung, Pflegeversicherung, Beitragszahlungen an die Berufsgenossenschaften), vertraglich gewährte Sozialleistungen (z.B. Urlaub, 13. Monatsgehalt) und freiwillige Sozialleistungen.

Im Dienstleistungssektor belaufen sich die Personalkosten auf bis zu 80 % der Gesamtkosten. Personalkosten können durch Maßnahmen der Unternehmenspolitik kurzfristig nur schwer verändert werden. Eine langfristige strategische Planung der Personalkosten ist daher unabdingbar.

Durch die Ausweitung variabler Entlohnungssysteme kann dem Leistungsgedanken stärker Rechnung getragen werden. Ziel ist es langfristig, die Fixkosten im Human-Resources-Sektor zu senken und den Akzent auf die variablen Personalkosten zu legen. Darüber hinaus muss die Entgeltpolitik dem Individualisierungsprinzip folgen; aufgrund der zunehmenden Differenzierung der gesellschaftlichen Milieus ist es wichtig, die persönlichen Bedürfnisse von Führungs- und Nachwuchskräften zu berücksichtigen. Leistungsabhängige Entgeltbestandteile tragen dazu bei, die Motivation zu erhöhen und an das Motiv der Selbstverwirklichung anzuknüpfen. Flache und schlanke Hierarchien finden bei High Potentials eher Zuspruch als verkrustete Unternehmensstrukturen, die die Innovationsfähigkeit und die Entfaltungsmöglichkeiten des Einzelnen beeinträchtigen. Ein transparentes, gerechtes und leistungsbezogenes Entgeltsystem sorgt für ein angenehmes und förderliches Betriebsklima und eine höhere Leistungsbereitschaft bei den Arbeitnehmern.

In Anbetracht der zunehmenden Wettbewerbsintensität auf globaler Ebene hat die Implementierung eines flexiblen Entgeltsystems eine herausragende Priorität. Die beträchtlichen Lohn- und Gehaltsunterschiede zwischen den OECD-Staaten und den Schwellenländern erfordern erhöhte Anstrengungen. Die Personalpolitik muss diese Rahmenbedingungen besonders beachten. Der Standortvorteil Deutschlands besteht vor allem in hochqualifizierten Arbeitskräften und hochwertigen Produkten und Dienstleistungen. Das Entgeltsystem muss sich auf die Herausforderungen der Globalisierung einstellen, indem es erfolgsabhängige Entgeltbestandteile zum Regelfall macht. Das Direktentgelt wird in Zukunft weiter an Bedeutung verlieren, da der internationale Wettbewerb eine stärkere Flexibilisierung, Erfolgsorientierung und unternehmerisches Denken auf allen Führungsebenen unerlässlich macht. Entgeltsysteme sollten durchschaubar, einfach strukturiert und gerecht sein. Zu komplexe Vergütungssysteme führen zu Unverständnis und letztlich Ablehnung, da der einzelne Arbeitnehmer die einzelnen Regelungen und Strukturen nicht mehr nachvollziehen kann. Ein sinnvolles Entgeltsystem muss sich zugleich an den Vergütungsstrukturen und -höhen des Arbeitsmarktes orientieren. In einigen Segmenten des Arbeitsmarktes wird es immer schwieriger, hochqualifizierte Fachkräfte zu rekrutieren. Dies betrifft insbesondere IT-Experten und Maschinenbauingenieure. Nur durch ein differenziertes Entgelt- und Sozialleistungsmanagementsystem ist es möglich, auch solche Fachkräfte zu rekrutieren und langfristig an das Unternehmen zu binden.

2.2.1   Probleme der Entgeltpolitik

Probleme in der Entgeltpolitik ergeben sich beispielsweise aus der Anwendung des Senioritätsprinzips, bei dem ältere Mitarbeiter eine höhere Vergütung erhalten. Durch diese Bevorzugung älterer Arbeitnehmer wird das Leistungsprinzip unterminiert und die Entgeltgerechtigkeit in Frage gestellt. Die Leistungsbereitschaft bei jüngeren Arbeitnehmern kann dadurch sinken, und es entsteht ein hohes Maß an Unzufriedenheit. Ebenso problematisch ist eine Entgeltpolitik, die Tätigkeiten gewerblicher Mitarbeiter anderen Maßstäben und Kriterien unterwirft als die Tätigkeiten von Angestellten. Je mehr die Entgeltpolitik von den Maßstäben einer konsistenten Leistungsbewertung abweicht, desto größer ist die Gefahr, dass das Entgeltsystem auf Ablehnung stößt. Dies gilt auch dann, wenn neu eingestellte Mitarbeiter ein höheres Einkommen erzielen als langjährig Beschäftigte. Ebenso sollte man es umgekehrt vermeiden, nach einer Tariföffnungsklausel neu eingestellte Mitarbeiter geringer zu vergüten als bislang tarifgebundene Mitarbeiter.

Jede innovative Entgeltpolitik wird dem Aspekt der Entgeltgerechtigkeit besonders Rechnung tragen und auf die konsistente Anwendung von Vergütungskriterien großen Wert legen.

2.2.2   Entgeltpolitik in der Praxis

In der betrieblichen Praxis werden bei tarifgebundenen Unternehmen die einzelnen Arbeitsplätze und deren Anforderungen zu Entgeltgruppen zusammengefasst. Bei den Entgeltgruppen unterscheidet man zwischen Lohn-, Tarif- und Gehaltsgruppen, die je nach Tarifvertrag verschieden definiert und festgelegt werden. Weniger Vergütungsstufen führen zu einer stärkeren Verdichtung und Akkumulation mit der Folge, dass die Differenzierung der Vergütung sinkt. Auch bei Führungskräften werden unterschiedliche Vergütungsstufen verwendet.

Bei der Abstufung sollte man in erster Linie die Abstände zwischen den Entgeltgruppen festlegen. In manchen Unternehmen sind diese Intervalle größer als bei anderen, während andere Unternehmen sich eher einer subtilen Differenzierung bedienen.

Jedes Vergütungssystem muss den Unterschieden zwischen der besten und der schlechtesten Leistung innerhalb einer Entgeltgruppe Rechnung tragen und eine entsprechende Differenzierung ermöglichen.

Bei Führungskräften sind die Spielräume wesentlich größer, da sie anders als die tarifgebundenen Arbeitnehmer generell außertariflich bezahlt werden. Moderne und innovative Vergütungssysteme gewichten die variablen Entgeltbestandteile bei Führungskräften stärker und verzichten auf lineare Erhöhungen des Grundentgelts, um eine höhere Leistungsmotivation zu schaffen.

Obwohl es die unterschiedlichsten Konzeptionen gibt, überwiegt in Deutschland die Zurückhaltung bei der Einführung einer variablen Vergütung. In der Regel erhalten herkömmliche Führungskräfte zehn Prozent ihrer Vergütung in Form von variablen Bestandteilen. Bei höherrangigen Führungskräften (wie Vorstandsmitgliedern oder Geschäftsführern) beläuft sich der variable Anteil auf bis zu 50 %. Eine weitere Komponente ist die Einführung eines Ziel- oder Richteinkommens.

Erfolgsabhängige Entgeltbestandteile orientieren sich an verschiedenen Erfolgskriterien. Hierzu gehören neben der Höhe der Umsatzerlöse auch die Umsatzzahlen eines einzelnen Geschäftsbereichs. Andere Kriterien können das Betriebsergebnis oder das Ergebnis nach Steuern sein. Darüber hinaus ist als Maßstab die Wertschöpfung im jeweiligen Unternehmen oder im Geschäftsbereich denkbar. Auch der Deckungsbeitrag kann zur Bemessung herangezogen werden.

Der Verteilungsschlüssel ist ein weiterer Aspekt bei der Implementierung eines variablen Vergütungssystems. Eine variable Vergütung kann je Mitarbeiter erfolgen oder sich auf eine Arbeitsgruppe oder ein Team beziehen. Die Höhe der Vergütung kann zusätzlich die Länge der Betriebszugehörigkeit berücksichtigen oder speziell die individuelle Leistung honorieren.

Auch die Auszahlung der Vergütung kann unterschiedlich erfolgen. Viele Mitarbeiter präferieren eine sofortige Auszahlung, was aber steuerlich und sozialversicherungsrechtlich von Nachteil sein kann; andere Modelle sehen beispielsweise eine Kapitalbeteiligung vor. Dies kann in Form von Belegschaftsaktien, GmbH-Anteilen, Genussrechten, einer stillen Mitarbeiterbeteiligung oder Stock Options geschehen. Dies ist für Mitarbeiter besonders dann lukrativ, wenn eine hohe Wertsteigerung in der Zukunft in Aussicht steht und die Risiken überschaubar oder vernachlässigbar sind. Die dritte Möglichkeit besteht darin, eine variable Vergütung über die betriebliche Altersvorsorge umzusetzen.

2.3 Tarifverträge

Trotz der für das Zivilrecht charakteristischen Vertragsfreiheit ist die Festlegung des Entgelts an eine Vielzahl gesetzlicher Bestimmungen geknüpft, die insbesondere aus der Tarifautonomie resultieren. Die mit den Gewerkschaften ausgehandelten Tarifvertragsnormen stellen eine Art Basis dar.

Ein Tarifvertrag ist ein Vertrag zwischen Tarifvertragsparteien. Er beinhaltet Rechtsnormen, die den Inhalt, den Abschluss und die Beendigung von Arbeitsverhältnissen sowie betriebliche und betriebsverfassungsrechtliche Fragen ordnen können. Darüber hinaus enthält er Bestimmungen über die Rechte und Pflichten der Tarifvertragsparteien. Zu den Tarifvertragsparteien gehören Arbeitgeber oder Arbeitgeberverbände und Gewerkschaften. Ein Vertrag mit nur einem Arbeitgeber wird als Firmen- oder Haustarifvertrag bezeichnet. Tarifverträge haben den Vorteil, dass sie zwischen zumindest annähernd gleichstarken oder vergleichbaren Partnern abgeschlossen werden.

Grundlage für den Abschluss von Tarifverträgen ist die verfassungsrechtlich garantierte Koalitionsfreiheit, aus der sich die Tarifautonomie ableitet. Ta-

rifverträge befassen sich nicht nur mit Löhnen und Gehältern, sondern auch
mit Arbeitsbedingungen, der Kündigung von Arbeitsverhältnissen und dem
Urlaubsanspruch. In Manteltarifverträgen oder Rahmentarifverträgen werden
grundlegende Aspekte geregelt, wie Urlaubstage, Arbeitszeiten, Kündi-
gungsfristen, die von den gesetzlich vorgegebenen abweichen, oder die Beschreibung von Nebenpflichten wie beispielsweise die Frist für das Vorlegen
einer Arbeitsunfähigkeitsbescheinigung oder die Übernahme von Auszubildenden. Darüber hinaus werden in den Tarifverträgen die Lohn- und Gehaltsgruppen festgelegt. Entgelt-, Lohn- und Gehaltstarifverträge definieren
die Höhe der Vergütung. Dies bezieht sich auch auf das Arbeitsbewertungs-
verfahren, mit dem unterschiedliche Tätigkeiten je nach Anforderungsniveau
den jeweiligen Vergütungsgruppen oder Lohngruppen zuzuordnen sind.
Dadurch wird die Höhe der Vergütung für die entsprechende Vergütungs-
gruppe ermittelt. Als Kriterien werden die Berufsjahre oder die Dauer der
Betriebszugehörigkeit zugrunde gelegt. Sonderzahlungen wie Urlaubsgeld,
13. Monatsgehalt oder andere Gratifikationen sowie die Formen der Vermögensbildung werden häufig in getrennten Tarifverträgen vereinbart.

Der Entgeltrahmentarifvertrag bezieht sich auf einzelne Branchen und führt
die einzelnen Entgeltgruppen auf. Beim Umfang des Tarifvertrags unterscheidet man zwischen Flächen- oder Verbandstarifverträgen auf der einen
Seite, die für ein Bundesland oder ganz Deutschland gelten können, und
Firmen- oder Haustarifverträgen, die sich nur auf ein einzelnes Unternehmen
beziehen. Die Tarifverträge sind öffentlich und werden in einem allgemein
zugänglichen Tarifregister publiziert.

Das Tarifvertragsgesetz wurde bereits 1949 verabschiedet. Ein Tarifvertrag
gilt nur dann für ein Arbeitsverhältnis, wenn der fachliche und regionale
Bereich des Tarifvertrages für das Unternehmen von Relevanz ist und wenn
beide Vertragsparteien Mitglied eines tarifschließenden Verbandes sind, d.h.
der entsprechenden Gewerkschaft bzw. dem Arbeitgeberverband angehören.
In einem solchen Fall gilt der Tarifvertrag unmittelbar und zwingend. Unternehmen können jedoch einzelvertraglich einen Tarifvertrag oder eine Tarif-
regelung übernehmen. Man spricht dann von einer Bezugnahmeklausel. Ein
Sonderfall ist die Allgemeinverbindlichkeit, wie sie beispielsweise in der
Bauwirtschaft eingeführt wurde; dabei wird ein Tarifvertrag unabhängig
davon, ob die Arbeitnehmer oder der Arbeitgeber einem Verband beigetreten

sind, für alle Arbeitsverträge in diesem Bereich für allgemein verbindlich erklärt. Die Erklärung erfolgt durch das zuständige Ministerium.

Ein Austritt aus dem Arbeitgeberverband, für den beispielsweise ein Verbandstarifvertrag oder häufig Flächentarifvertrag gilt, führt nicht zur sofortigen Aufhebung der Tarifbindung. Der Tarifvertrag gilt so lange weiter, bis eine neue Regelung getroffen wurde.

Obwohl Tarifverträge eigentlich nur auf Gewerkschaftsmitglieder anwendbar sind, werden alle Arbeitnehmer nach den Bestimmungen des Tarifvertrags entlohnt. Dies erfolgt durch die Gleichstellungsabrede. Auf diese Weise versucht man zu verhindern, dass noch andere Arbeitnehmer der Gewerkschaft beitreten.

Das in Deutschland stark reglementierte Arbeitsrecht verhindert in manchen Bereichen eine notwendige Flexibilisierung des Entgeltsystems. In den 1990er Jahren wurde der Einfluss der Tarifpartner geringer, da sowohl die Gewerkschaften als auch die Arbeitgeberverbände einen zunehmenden Schwund an Mitgliedern verzeichnen. Bei den gewerblichen Arbeitnehmern wird die Quote der Gewerkschaftsmitglieder auf über 50 % geschätzt, während sie bei den Angestellten auf unter 25 % gesunken ist. Auch im Arbeitgeberlager ist es gängige Auffassung, dass Verbände nur bedingt zur größeren Wettbewerbsfähigkeit und personalpolitischen Optimierung beitragen.

Das Betriebsverfassungsgesetz befasst sich mit weiteren Fragen, wie sie sich bei Entgeltsystemen ergeben.

Im Rahmen der Mitwirkung des Betriebsrats hat er die Möglichkeit, jederzeit Einsicht die vorhandenen Lohn- und Gehaltslisten zu nehmen. Die Vergütungen von leitenden Angestellten sind von dieser Regelung ausgenommen. Außerdem wirkt der Betriebsrat bei der Gestaltung von Vergütungssystemen mit; diese Mitwirkung erstreckt sich nicht nur auf die Grundsätze der Entlohnung, die Eingruppierung (d.h. die Zuordnung von bestimmten Lohn- und Gehaltsgruppen zu einzelnen Arbeitnehmern) und die verschiedenen Entgeltkomponenten wie Gewinn- und Erfolgsbeteiligungen, sondern auch auf die Einführung von Prämienlöhnen und die Arbeitsplatzbewertung sowie betriebliche Sozialleistungen wie Essenszuschüsse und -marken, Arbeitnehmerdarlehen und Gratifikationen (beispielsweise Weihnachtsgeld).

2.4   Führungskräfte und leitende Angestellte
im Entgeltsystem

Für Führungskräfte spielen tarifvertragliche Aspekte in der Regel keine Rolle, da sie als außertarifliche Angestellte einen AT-Vertrag haben, der über der höchsten Tarifgruppe des Tarifvertrags angesiedelt ist.

Der Begriff „leitender Angestellter" ist im Betriebsverfassungsgesetz und im Mitbestimmungsgesetz definiert und beschreibt einen Mitarbeiter, der Leitungsfunktionen innehat und über besondere Befugnisse verfügt. In der Praxis werden zu leitenden Angestellten beispielsweise Abteilungs- und Hauptabteilungsleiter gezählt. Entscheidendes Abgrenzungskriterium ist die Übertragung von Befugnissen, zu denen vor allem die Erlaubnis, Personal einzustellen oder zu entlassen, gehört.

Auch die Prokura kennzeichnet eine leitende Funktion. Aber auch eine hohe Position innerhalb der Unternehmenshierarchie ist Charakteristikum einer Führungstätigkeit. Für leitende Angestellte gelten die arbeitnehmerbezogenen Bestimmungen des Betriebsverfassungsgesetzes nicht. Auch das Arbeitszeitgesetz ist auf leitende Angestellte nicht anwendbar, so dass ihnen auch längere Arbeitszeiten zugemutet werden können. Im Mitbestimmungsgesetz wird den leitenden Angestellten ausdrücklich ein Anspruch auf Sitze im Aufsichtsrat zugestanden. Das Kündigungsschutzgesetz gilt für leitende Angestellte nur eingeschränkt.

3 Die Systematik der Entgeltbestandteile und der betrieblichen Sozialleistungen

Das folgende Kapitel gibt eine Systematisierung unterschiedlicher Ansätze zur Festlegung der Entgeltbestandteile bzw. Gehaltskomponenten eines Mitarbeiters wieder. Vorteile und mögliche Probleme hinsichtlich der diskutierten Bestandteile werden aufgezeigt.

Das Vergütungssystem besteht sowohl aus dem Entgelt als auch den betrieblichen Sozialleistungen. Neben der Grundvergütung (dem Grundentgelt) gibt es Leistungsvergütungen, die beispielsweise in Form von Provisionen, Tantiemen, Prämien und Gratifikationen ausbezahlt werden.

Beteiligungsvergütungen sind eine Form des Entgelts, die in Zukunft erheblich an Bedeutung gewinnen wird. Zu den Beteiligungsvergütungen zählen Erfolgs-, Gewinn- und Kapitalbeteiligungen sowie eine unternehmenswertorientierte Vergütung.

Die betrieblichen Sozialleistungen untergliedert man in gesetzliche und freiwillige Sozialleistungen. Zu den freiwilligen betrieblichen Sozialleistungen gehören die betriebliche Altersversorgung, die seit einigen Jahren eine Schlüsselfunktion einnimmt, und sonstige Zusatzleistungen, die häufig als Sachleistungen oder in anderer Form gewährt werden.

3.1 Die Grundvergütung

Die Höhe des Lohnes oder Gehalts ist abhängig von den Arbeitsanforderungen und der Qualifikation der Mitarbeiter. Zur Erstellung eines Entgeltsystems benötigt man im Bereich der Grundvergütung ein differenziertes Instrumentarium, das auf Anforderungsprofilen und Arbeitsplatzbeschreibungen beruht. Durch eine systematische Aufgabenbeschreibung und Anforderungsanalyse wird eine Arbeitsbewertung vorgenommen.

3.2   Die Leistungsvergütung

Leistungsvergütungen werden zusätzlich zur Grundvergütung bezahlt und dienen als Leistungsanreiz, denn sie berücksichtigen die individuelle Leistung und Motivation des Arbeitnehmers. Leistungsvergütungen beruhen auf einem Anreizsystem. Darunter versteht man die Gesamtheit der einem Individuum zugestandenen materiellen und immateriellen Anreize. Anreizsysteme ermöglichen eine gezielte Verhaltenssteuerung und Erfolgsorientierung. Sie sollen den einzelnen Mitarbeiter dazu veranlassen, sich aktiv mit den Unternehmenszielen und der Corporate Identity zu identifizieren. Zu herkömmlichen Leistungsvergütungen, die vor allem in Industrieunternehmen weit verbreitet sind, zählen Akkord- und Prämienlöhne.

3.2.1   Der Akkordlohn

Beim Akkordlohn ist die Höhe der Vergütung von der Mengenleistung, d.h. der Stückzahl, abhängig. Zur Berechnung wird eine Durchschnittsleistung festgelegt, die mit einem Standard- oder Grundakkordlohn vergütet wird; wird diese Durchschnittsleistung übertroffen, so erfolgt die Auszahlung eines proportional ansteigenden Akkordlohns, der an den produzierten Mengeneinheiten bemessen wird. Nicht jede Tätigkeit ist akkordfähig; diese Form der Leistungsvergütung ist in Dienstleistungsunternehmen kaum verbreitet. Sie eignet sich mehr für Industriebetriebe, in denen Arbeitsabläufe vorherrschen, die standardisierbar und mit einer Arbeitsmethode zu steigern sind. Man differenziert zwischen Zeit- und Geldakkord. Der Zeitakkordlohn ist weiter verbreitet und wird nach einer Vorgabezeit berechnet, die sich auf eine Mengeneinheit bezieht. Aus dem Grundentgelt und dem Akkordzuschlag ergibt sich der Akkordrichtsatz.

Beim Geldakkord indes wird kein Grundentgelt bezahlt. Akkordlöhne können nur eingeführt werden, wenn die Arbeitsbedingungen standardisierbar und messbar sind. Die Vorgabezeiten müssen realistisch und an die Arbeitsleistung gekoppelt sein. Auch sollte die Ablauforganisation so gestaltet sein, dass es keine Unterbrechungen oder Probleme beim Arbeitsablauf gibt. Der Akkordlohn stellt einen enormen Leistungsanreiz dar und trägt dazu bei, die Arbeitsleistung deutlich zu erhöhen.

3.2.2   Der Prämienlohn

Der Prämienlohn besteht wie der Akkordlohn aus einer Grundvergütung und einem variablen Entgeltbestandteil. Der Prämienlohn bezieht jedoch nicht nur quantitative Kriterien (wie Mengeneinheiten), sondern auch qualitative Aspekte mit ein. Die Auszahlung kann daher in Form von Qualitäts- oder Ersparnisprämien erfolgen und trägt dem Gesichtspunkt der betrieblichen Qualitätssicherung Rechnung.

Als Ausgangsbasis wird eine bestimmte Qualitätsstufe definiert; wenn dieses Niveau übertroffen wird, kommt es zur Auszahlung einer Qualitätsprämie, die an die gesamte Arbeitsgruppe (Gruppenprämie) oder an den einzelnen Arbeitnehmer (Einzelprämie) erfolgen kann. Im Zuge der immer komplexer werdenden Qualitätsmanagementsysteme findet die Einführung von Prämienlöhnen immer größeren Zuspruch bei der Belegschaft.

In Dienstleistungsunternehmen wird der Grundsatz der Qualitätssicherung und der Leistungsorientierung durch Leistungszulagen realisiert. Anders als in der Produktionswirtschaft sind die Leistungsbeurteilungsverfahren stärker qualitativ ausgerichtet und beziehen auch nur schwer messbare Eigenschaften in die Evaluation mit ein. Die Leistungszuschläge werden prozentual zur Grundvergütung ausbezahlt. Häufig werden solche Leistungszuschläge in ein Zielvereinbarungssystem integriert, das einen Soll-Ist-Vergleich ermöglicht.

3.2.3   Die Arbeitsbewertung als Grundlage der Vergütung

Bei der Arbeitsbewertung wird der Arbeitswert einer Tätigkeit ermittelt, um die Entgelthöhe zu bestimmen. Bekanntestes Beispiel für eine Bewertungsmethodik ist das Genfer Schema. Es differenziert zwischen vier verschiedenen Anforderungskategorien, zu denen

- geistige Anforderungen (Fachkenntnisse, geistige Belastung),
- körperliche Anforderungen (Körperbelastung),
- Verantwortung und
- Arbeitsbedingungen

zählen.

Prinzipiell unterscheidet man zwei konträre Ansätze bei der Arbeitsbewertung: die analytische und die summarische Arbeitsbewertung.

Bei dem Konzept der analytischen Arbeitsbewertung werden die einzelnen Anforderungen des Arbeitsplatzes gesondert betrachtet und bewertet. Um zu einem Gesamturteil zu gelangen, werden die Anforderungen mit Hilfe zweier Methoden zusammengefasst. Im Rangreihenverfahren (*Factor Ranking Method*) werden die einzelnen Anforderungen zwischen verschiedenen Arbeitsplätzen verglichen. Die gleiche Kategorie von Anforderungen wird so nach ihren Ausprägungen am jeweiligen Arbeitsplatz bestimmt. Aus diesen unterschiedlichen Abstufungen der Ausprägung ergibt sich eine Rangreihe. Während also am Arbeitsplatz A vielleicht nur wenig technisches Verständnis gefragt ist, wird diese Eigenschaft am Arbeitsplatz C am meisten gefordert. Das Wertzahlverfahren (*Point Rating Method*) geht von einer vorher definierten Rangfolge von Ausprägungen aus und multipliziert die einzelnen Stufen mit einer Stufenwertzahl.

Die summarische Arbeitsbewertung würdigt die gesamten Anforderungen einer Tätigkeit. Hierbei wird zwischen dem Rangfolgeverfahren und dem Katalogverfahren unterschieden. Beim Rangfolgeverfahren (*Ranking Method*) werden die gesamten Anforderungen eines Arbeitsplatzes mit denen eines anderen verglichen. Sämtliche Arbeitsplätze werden dann in eine Rangfolge gebracht. Beim Katalogverfahren vergleicht man die im Unternehmen vorhandenen Arbeitsplätzen mit prototypischen Arbeitsplätzen aus einem Musterkatalog mit Beispielen. Jeder Arbeitsplatz im Unternehmen wird dann einem solchem Katalogarbeitsplatz zugeordnet.

3.2.3.1   Die Mitarbeiterbeurteilung als Grundlage der Vergütung

Die Mitarbeiterbewertung oder -beurteilung ist ein innerbetriebliches Mittel zur Qualitätssicherung oder Qualitätsverbesserung eines Betriebes oder einer Abteilung.

Die Mitarbeiterbeurteilung befasst sich mit der Wahrnehmung und Bewertung eines Mitarbeiters. Man unterscheidet zwischen Mitarbeiterbewertungen nach Abschluss des Dienstverhältnisses und laufenden Mitarbeiterbewertungen. Mitarbeiterbeurteilungen können mit dem Mitarbeiter zusammen durchgeführt werden oder in Abwesenheit des Mitarbeiters, um beispielsweise einen Vorgesetzten über die Leistung des Mitarbeiters zu informieren. Die Mitarbeiterbeurteilung erstreckt sich auf Maßnahmen, mit deren Hilfe alle Leistungsmerkmale und das Leistungspotenzial des Mitarbeiters erfasst werden können. Kriterien und Kategorien für eine solche Mitarbeiterbeurteilung sind beispielsweise die Fachkompetenz und die Arbeitsleistung; darüber hinaus werden Aspekte wie Arbeitsqualität und -erfolg, die Leistungsmotivation und die Belastbarkeit mit einbezogen. Auch das Verhalten gegenüber Vorgesetzten, Kunden und Mitarbeitern fließt in die Bewertung mit ein.

Durch standardisierte Methoden wie beispielsweise einem Fragebogen ist es möglich, subjektive Eindrücke und Beobachtungsfehler zu vermeiden. In diesem Rahmen werden Mitarbeiterbeurteilungen häufig in ein Zielvereinbarungsgespräch mit eingebunden, das halbjährlich oder jährlich stattfindet. Ein solches Review-System dient der langfristigen Erfolgsoptimierung und Karriereplanung.

Im Gespräch mit dem Mitarbeiter geht es auch darum, das Potenzial zu verbessern und langfristige Berufsperspektiven im Unternehmen aufzuzeigen. Die Leistungsfähigkeit des einzelnen Mitarbeiters kann dadurch erheblich gesteigert werden. Unternehmen, die einen Betriebsrat haben, müssen die Mitbestimmungsrechte des Betriebsrates beachten, der bei der Durchführung und Planung von Mitarbeiterbewertungen beteiligt werden muss. Schon die Ausarbeitung von Bewertungsgrundsätzen unterliegt der Mitbestimmung und Zustimmung des Betriebsrats.

In der betrieblichen Praxis werden auch komplexe Konzeptionen der Mitarbeiterbeurteilung eingesetzt, zu denen Kompetenzprofile gehören. Solche Kompetenz- oder Qualifikationsprofile spiegeln die gesamten Qualifikationen eines Mitarbeiters wider und umfassen alle Kenntnisse, Fertigkeiten und Fähigkeiten. Aufgrund der immer größeren Verbreitung von Wissens- und Skillsmangement in den Unternehmen gewinnt auch das Kompetenzprofil als personalwirtschaftliches Instrumentarium an Bedeutung. Das Kompetenzprofil befasst sich keineswegs nur mit vorhandenen Qualifikationen, sondern berücksichtigt auch deren dynamische Entwicklung in der Zukunft, die als Soll-Anforderungen explizit definiert werden.

Die Leistungs- und Potenzialbeurteilung ist ein spezifischer Aspekt der Personalbeurteilung. Anders als bei einem Kompetenzprofil erstreckt sich die

Leistungsbeurteilung auf vergangene Leistungen, die als Grundlage für ein Vergütungsmodell und eine Einstufung dienen können. Zu den Kriterien für eine Leistungsbeurteilung zählen neben der Arbeitsquantität und -qualität auch Aspekte wie Teamfähigkeit, unternehmerisches Denken und Leistungsbereitschaft.

Um eine exakte Leistungsbeurteilung vornehmen zu können, werden häufig quantifizierbare Messgrößen angewandt, die in Prozent der Zielerreichung angegeben werden. Nur mit Hilfe standardisierter Beurteilungsmethoden ist gewährleistet, dass die Leistungsbeurteilung objektiv erfolgt.

Eine gerechte und akzeptable Leistungsbeurteilung ist nur dann gegeben, wenn die Leistungskriterien und Beurteilungsmaßstäbe für alle Mitarbeiter durchgängig und konsistent eingesetzt werden. Da Leistungsbeurteilungen die Grundlage für die Gewährung von leistungsbezogenen Entgeltbestandteilen sind, bedürfen sie einer besonders gründlichen Planung. In einem sorgfältig vorbereiteten Gespräch sollten daher der Vorgesetzte und der Mitarbeiter zu einem Konsens gelangen und Entwicklungsperspektiven aufgezeigt werden.

Die Leistungsbeurteilung hat für beide Seiten Vorteile, denn der Mitarbeiter erhält eine Rückmeldung über die von ihm erbrachten Leistungen und die Anerkennung durch das Unternehmen. Der Vorgesetzte hingegen wird über die Stärken und Schwächen des Mitarbeiters und dessen Potenzial unterrichtet. Darüber hinaus dienen die Angaben der Personalentwicklung für die lang- und mittelfristige Planung des Weiterbildungsbedarfs und der erforderlichen Personalentwicklungsmaßnahmen.

3.2.3.2   Das Mitarbeitergespräch
Das Mitarbeitergespräch ist eines der wichtigsten Instrumente der Personalentwicklung. Es sollte in regelmäßigen Abständen geführt werden und Teil eines komplexen Systems der Mitarbeiterbeurteilung sein. Denn es dient nicht nur dem Feedback und der Leistungsbeurteilung, sondern auch der Vornahme von Zielvereinbarungen und der Personalentwicklungsplanung sowie der Potenzialentwicklung. Ein Mitarbeitergespräch sollte sorgfältig und akribisch vorbereitet sein. Leitfäden, standardisierte Verfahren der Leistungsbeurteilung sowie Checklisten gehören zu den Hilfsmitteln.

Ein Mitarbeitergespräch kann in regelmäßigen, vorher definierten Zeitabständen geführt werden; darüber hinaus gibt es spezielle Anlässe, die ein Mitarbeitergespräch rechtfertigen wie beispielsweise das Ende der Probezeit, der Ablauf eines befristeten Arbeitsvertrages, ein Karrieregespräch für die Nachwuchsplanung und andere Ereignisse. Im Rahmen der Potenzialentwicklung sollte ein Mitarbeitergespräch mehrmals im Jahr geführt werden. Mitarbeitergespräche sind nicht selten als Zielvereinbarungsgespräche konzipiert, bei denen am Ende eine Zielvereinbarung vorgenommen wird. Diese Zielvereinbarung gilt als verbindlich und fließt meist in die variable Vergütung mit ein. Aus diesem Grunde wird häufig ein entsprechendes Protokoll angefertigt, das die Ziele genau auflistet. Dieses Protokoll wird der Personalakte beigefügt und dient als Grundlage für das nächste Mitarbeitergespräch.

Das Mitarbeitergespräch hat mehrere Phasen. In der Einleitung werden meist die Gesprächsziele erläutert, und es erfolgt ein Rückblick auf die bisherigen Leistungen in der abgelaufenen Periode; in der Hauptphase werden die Entwicklungspotenziale erkundet und sondiert. Danach werden die neuen Zielvereinbarungen formuliert, die mit Terminen und Sollwerten versehen werden. Ein Zielvereinbarungsgespräch sollte in der Regel mehr als 30 Minuten dauern.

Eine gründliche und umfassende Vorbereitung auf das Mitarbeitergespräch ist unerlässlich, um den hohen Anforderungen gerecht zu werden. Dabei sollten auch die Protokolle und Ergebnisse früherer Mitarbeitergespräche mit einbezogen werden. Im Vorfeld ist es möglich, dem Mitarbeiter eine Themenliste auszuhändigen, so dass er sich rechtzeitig auf die Unterredung vorbereiten kann. Für den Vorgesetzten ist es wichtig, dass er sich bereits Gedanken macht, welche Chancen und Entwicklungsmöglichkeiten dem einzelnen Mitarbeiter angeboten werden können.

3.2.3.3   Das Karrieregespräch

Ein Karrieregespräch vereint in der Regel die Aspekte eines Mitarbeiter- und Personalentwicklungsgesprächs. Darüber kann es auch der Zielvereinbarung dienen.

In einem solchen Gespräch werden die Entwicklungsmöglichkeiten des jeweiligen Mitarbeiters sondiert und erkundet und neue Perspektiven entwickelt, die der Entwicklungsfähigkeit, dem Potenzial und der Motivation des Mitarbeiters gerecht werden sollen. Der Vorgesetzte erhält aktuelle Informationen über die langfristigen Ziele, Wünsche und Bedürfnisse der Mitarbeiter und kann sich Gedanken über die strategische Personalplanung im Unternehmen machen. Auch für die Personalentwicklung ist dies von großer Relevanz.

Um die genaue Ausgangsposition und den aktuellen Entwicklungsstand zu ermitteln, werden bisweilen Fragebogen eingesetzt, die der genauen Erfassung dienen. Meist werden diese Bogen dem Mitarbeiter bereits mehrere Wochen vor dem eigentlichen Karrieregespräch zugestellt, um sich besser auf die Unterredung vorbereiten zu können.

Ein Karrieregespräch dauert gewöhnlich ein bis zwei Stunden und umfasst neben einer Bestandsaufnahme auch ein Feedback und die Entwicklung weiterer Schritte zur Personalförderung. In diesem Zusammenhang ist auch eine Gehaltserhöhung regelmäßig auf der Agenda, denn die Erhöhung resultiert unmittelbar aus der Zielerreichung und dem bisher gezeigten Leistungsniveau.

Bei der Entwicklung von Karriereperspektiven ist es auch wichtig, verschiedene Zeithorizonte von 2 bis 10 Jahren zugrunde zu legen und konkrete Vorstellungen zu entwickeln, die das Potenzial des Mitarbeiters vollständig entfalten. Hierzu gehören realistische Gehaltserhöhungen und innovative Vergütungssysteme wie beispielsweise eine Erfolgsbeteiligung. Umfassende Personalentwicklungsmaßnahmen flankieren das Programm und dienen der Talentförderung. Dies ist besonders bei High Potentials von großer Bedeutung.

Den Gesprächsabschluss bildet die konkrete Zielvereinbarung und die Entscheidung über Fördermaßnahmen. Der Mitarbeiter unterzeichnet die Zielvereinbarung, die auch klar terminierte Ziele und Zielerreichungsgrade umfasst. Darüber hinaus können Meilensteine und Etappenziele vereinbart werden.

Das Karrieregespräch dient der stärkeren Mitarbeiterbindung und soll zugleich ein Ansporn sein. Darüber hinaus erfüllt es eine Informationsfunktion hinsichtlich der Aufstiegs-, Karriere- und Weiterbildungsmöglichkeiten im Unternehmen. Wichtig für die Akzeptanz eines solchen Systems der Personalförderung ist die schrittweise Implementierung unter Einbeziehung aller Entscheidungsträger. Durch systematische Personalentwicklungsmaßnahmen und Schulungen wird sicher gestellt, dass das neuartige Fördersystem im Unternehmen auf allen Führungsebenen Zustimmung findet. Dies setzt voraus, dass die getroffenen Maßnahmen transparent sind und konsequent angewendet werden.

Ein umfassendes System der Karriereplanung ist nur in großen Unternehmen und internationalen Konzernen sinnvoll umzusetzen, da nur dort die Stellenvielfalt und die Entwicklungsmöglichkeiten gegeben sind. Die Karriereplanung konzentriert sich auf die Mitarbeiter mit dem höchsten Entwicklungspotenzial. Das Unternehmen benötigt für die Umsetzung einer ambitionierten Nachwuchs- und Führungskräfteentwicklung enorme Ressourcen.

Der Vorgesetzte sollte für das Zielvereinbarungs- und Karrieregespräch besonders qualifiziert sein und sich mit den Fördermöglichkeiten im Unternehmen und dem Vergütungssystem bestens auskennen, um dem Mitarbeiter in der Unterredung konkrete Vorschläge unterbreiten zu können. Denkbar ist auch, dass ein Mitglied der Personalabteilung oder ein nächst höherer Vorgesetzter dem Gespräch unterstützend beiwohnt. Allerdings sollte durch zusätzliche Teilnehmer nicht die offene Gesprächsatmosphäre beeinträchtigt oder behindert werden.

3.2.3.4   Zielvereinbarung und Entgeltsysteme

Als Führungskraft sollte man beachten, dass die unterschriebenen Zielvereinbarungen einen Zusatz zum Arbeitsvertrag darstellen und damit eine gewisse Verbindlichkeit erreichen. Problematisch ist es stets, wenn die Zielvereinbarungen ungenau oder interpretierbar formuliert sind, denn dann wird bei einer Bewertung der Zielerreichung ein Konflikt entstehen. Nur eine objektive Leistungsmessung gewährleistet, dass Streitigkeiten im Vorhinein ausgeräumt werden. Daher sollten sich Führungskräfte auf keine global formulierten Zielvereinbarungen einlassen; je unpräziser die Ziele festgelegt sind, desto mehr nimmt die Wahrscheinlichkeit zu, dass es bei einer Bewertung zu einem Dissens kommt. Da hiervon auch Beförderungen und Gehaltserhöhungen abhängig sind, ist eine sorgfältige Vorgehensweise anzuraten. Empfehlenswert ist es auch, sich abzusichern, dass die geforderten Leistungen innerhalb des vorgegebenen Zeitraums erbracht werden können und dass die notwendigen Ressourcen zur Verfügung stehen und die erforderlichen Befugnisse erteilt werden.

Besonders fatal für den weiteren Karriereverlauf einer Führungskraft ist es, wenn unrealistische Zielvorgaben festgelegt werden oder wenn die Umsetzung an Widerständen im Unternehmen von vornherein zum Scheitern verurteilt ist. Mit einer solchen Strategie läuft eine Führungskraft Gefahr, ausgegrenzt zu werden.

Resümierend kann man feststellen: Im Rahmen der Zielvereinbarungssysteme ist es wichtig, messbare, beobachtbare, ergebnisorientierte und verbindliche Ziele zu wählen. Vor allem müssen die Ziele und deren Erreichung für den Mitarbeiter verständlich und nachvollziehbar sein.

Eine Variante einer solchen Honorierungspraxis ist auch der Zielbonus. Bei diesem erfolgt am Jahresende eine Einmalzahlung, wenn bestimmte Leistungen, die in einer Zielvereinbarung festgehalten wurden, erbracht wurden. Die Höhe des Zielbonus richtet sich nach dem Grad des individuellen Erfolgs und der Zielerreichung, so dass sowohl qualitative als auch quantitative Kriterien zum Zug kommen.

Eine Zielvereinbarung konkretisiert sich in einer Zielformulierung. Zielvereinbarungen und Zielformulierungen beziehen sich auf ein Ergebnis- oder Prozessziel, das im Rahmen der Unternehmenspolitik vorgegeben wurde. Häufig werden Zielvereinbarungssysteme auf ein *Management by Objectives* ausgerichtet. Bei diesem Managementmodell dienen vorgegebene Ziele oder Meilensteine dazu, den Grad der Zielerreichung zu bestimmen. Die Ziele müssen geeignete Kriterien erfüllen, damit sie sich für den Unternehmensalltag eignen. Jedes Ziel sollte:

* spezifisch (*specific*),
* messbar (*measurable*),
* erreichbar (*achievable*),
* relevant und
* terminiert

sein. Diese „SMART"-Formel ist wichtig, um Ziele überprüfen und evaluieren zu können.

In jedem Zielvereinbarungsgespräch wird der Zeithorizont eines Ziels festgelegt, der kurz-, mittel- oder langfristig angelegt sein kann. Entscheidend ist auch der Bereich des Zieles, d.h. ob es sich auf das gesamte Unternehmen, eine Abteilung oder die persönliche Leistung des Mitarbeiters bezieht. Die

Frage, inwieweit individualisierte Ziele erreichbar sind, hängt auch entscheidend von deren Konkretisierung und der Umsetzbarkeit ab.

Vor der Umsetzung eines Ziels sollte auch geprüft werden, ob dem Mitarbeiter die notwendigen Ressourcen zur Verfügung stehen, wann ein Meilenstein festgelegt wird und eine Zwischenbewertung erfolgt. Darüber hinaus sollte der Vorgesetzte prüfen, welche Personalentwicklungsmaßnahmen erforderlich sind, um die vereinbarten Ziele zu erreichen. Eine schriftliche Dokumentation der Zielvereinbarungen, der benötigten Ressourcen und der Evaluation ist unbedingt notwendig.

Der Managementansatz *Management by Objectives* lässt sich sinnvoll und adäquat nur umsetzen, wenn die Ziele sorgfältig, realistisch und konkret formuliert wurden. In der betrieblichen Praxis wird das Führen durch Ziele nur dann erfolgversprechend, wenn es nicht nur als Methode der Führung eines Unternehmens betrachtet wird, sondern als Aufgabe eines jeden Mitarbeiters.

Die erfolgreiche Umsetzung von Zielvereinbarungen hängt von einem von allen akzeptierten Zielsystem ab, wobei die Einzelziele von den unternehmenspolitischen Zielen abgeleitet sind und mit ihnen vereinbar sein müssen. Zielvereinbarungssysteme funktionieren langfristig nur, wenn die *Corporate Culture* dieses System der Führung unterstützt und ein Klima des Vertrauens schafft. Alle Mitarbeiter müssen einen gewissen Handlungsspielraum haben, um im Sinne der vereinbarten Ziele agieren zu können. *Management by Objectives* ist ein kontinuierlicher Prozess, der durch Soll-Ist-Vergleiche zu einer wesentlichen Optimierung der Abläufe führen soll.

Obwohl das Führen durch Ziele in Unternehmen weit verbreitet ist und als Standard gilt, gibt in der Praxis relativ häufig Probleme bei der Umsetzung. Die häufigste Ursache ist, dass die Ziele nicht hinreichend konkretisiert werden, was ihre Anwendung erheblich erschwert. Auch die gut gemeinte Implementierung von *Management by Objectives* kann unter Umständen zu einer Bürokratisierung und einer Schwerfälligkeit der Ablauforganisation führen. Problematisch ist es auch, wenn sekundäre Ziele in den Vordergrund geraten, da sie leichter zu definieren und differenzieren sind, und zugleich entscheidende Ziele aus dem Blick verloren werden. Zielvereinbarungen haben nur dann letztlich Erfolg, wenn das System der Zielvereinbarung von den

Mitarbeitern akzeptiert und verstanden wird. Dann kann ein *Management by Objectives* im Rahmen des Gehaltsmanagements ein nützliches und wirkungsvolles Instrument sein.

Management by Objectives hat den Vorteil, dass es stärker mitarbeiterbezogen ist, die Leistungsbereitschaft erhöht und die Identifikation mit den Unternehmenszielen deutlich verstärkt. Darüber hinaus verbessert sich das Engagement der Belegschaft, die Eigenverantwortung und das unternehmerische Denken werden optimiert.

Die Konkretisierung von Teil- und Projektzielen wird immer abgeleitet von den globalen Unternehmenszielen. Außerdem muss man zwischen kurz-, mittel- und langfristigen Zielen unterscheiden, die wiederum in operative und strategische Ziele unterteilt werden können. Eine komplexe Zusammenstellung verschiedener Ziele wird auch als *Roadmap* bezeichnet. Häufig sind die Ziele in ein Gesamtkonzept eingebunden wie beispielsweise in eine *Balanced Scorecard*, bei der die Zielerreichung an quantitative Zielvorgaben gebunden ist, die in verschiedene Kategorien eingeordnet werden wie etwa finanzielle Ziele. Andere komplexe Modellansätze sind in diesem Zusammenhang die aus dem Marketing stammende Portfolioanalyse oder der Produktlebenszyklus.

3.3   Gehaltsverhandlung

Gehaltsverhandlungen gehören zu den sensibelsten Gesprächsthemen und erfordern nicht nur Durchsetzungsvermögen, sondern auch diplomatisches Geschick. Eine Führungskraft sollte das Thema behutsam ansprechen und sich gut und ausführlich auf die Gesprächssituation vorbereiten. Besonders wichtig ist es, fundierte Argumente für eine Gehaltserhöhung zu präsentieren, die an konkrete Sachverhalte und Erfolge anknüpfen.

Wer optimal und gewissenhaft vorbereitet ist, wird in der Gehaltsverhandlung die größten Erfolge erzielen. Besonders unerlässlich ist es, sich mit den Rahmenbedingungen vertraut zu machen und die branchenüblichen Vergütungen zu kennen. Je genauer man über diese Fakten Bescheid weiß, desto gezielter und erfolgversprechender kann man in die Verhandlung eintreten. Die Führungskraft sollte stets genau wissen, welche Möglichkeiten der Arbeitgeber hat, welches Vergütungsmodell im Unternehmen umgesetzt wird, wie die Leistung der Führungskraft bewertet wird.

Bei einer Gehaltsverhandlung sollte man vorher sich selbst analysieren und herausfinden, welche Stärken und Schwächen das Verhandlungsergebnis beeinflussen könnten. Menschen, die dazu tendieren, schnell nachzugeben oder einzuwilligen, sollten sich explizit ein bestimmtes Gehaltsziel setzen und die Argumente, die für eine Gehaltserhöhung sprechen, schriftlich fixieren.

Für den Erfolg einer Verhandlung ist es auch bedeutsam, sich Alternativen zu überlegen, wenn die Hauptforderung abgelehnt wird. Jede Führungskraft sollte daher sich nicht zu sehr auf das Grundentgelt fokussieren, sondern auch variable Entgeltbestandteile berücksichtigen. Selbst wenn eine deutliche Erhöhung des Grundentgelts abgelehnt wird, besteht immer noch die Möglichkeit, zusätzliche Tantiemen, Aktienoptionen oder andere Erfolgsbeteiligungen auszuhandeln. In der Praxis ist es einfacher, variable Entgeltbestandteile zu vereinbaren als eine Gehaltserhöhung durchzusetzen. In der Regel bewegen sich Gehaltserhöhungen in einer Spanne von 5 bis 10 %.

Auf keinen Fall sollte man bei der Gehaltsverhandlung Druck ausüben, indem man andeutet, man könne sich auch anderswo umsehen. Eine solche unverhohlene Ankündigung wird vom Arbeitgeber als Illoyalität interpretiert und löst langfristig erhebliche Verstimmungen aus, die die Karrieremöglichkeiten von vornherein beschneiden. Eine sachliche und fundierte Argumentation, die die eigenen Erfolge unterstreicht und durch Fakten untermauert, ist die beste Strategie.

Auf jeden Fall sollte man in einer Gehaltsverhandlung stets eine Win-win-Situationen anstreben und auch die Bedürfnisse des Arbeitgebers genau kennen.

4 Erfolgsbeteiligungen

Das folgende Kapitel beschreibt Tantiemen als spezifische Form einer leistungsorientierten Bezahlung.

Erfolgsbeteiligungen finden in den Unternehmen eine immer größere Verbreitung. Durch die Beteiligung erfolgt die Einführung eines variablen Entgeltbestandteils, der vom Unternehmenserfolg abhängt. Eine solche Erfolgsbeteiligung ist beispielsweise im Vertrieb sehr gängig. Häufig wird in diesem Fall der Entgeltbestandteil zu einem Fixum gewährt.

Neben dem Jahresgewinn kann für die Höhe der Erfolgsbeteiligung auch eine andere Kenngröße wie beispielsweise die Steigerung des Unternehmenswerts dienen. Zielvereinbarungssysteme sind ebenfalls ein zusätzliches Element bei der Festsetzung von Erfolgsbeteiligungen. Für den Mitarbeiter haben solche Modelle den Vorteil, dass er dynamisch an der Ertragskraft und der Unternehmenswertsteigerung beteiligt wird und so von der größeren Zuwachsrate profitiert, die in den letzten Jahren vor allem bei Unternehmensgewinnen zu verzeichnen war. Problematisch sind indes die negativen Aspekte, die sich aus einer Erfolgsbeteiligung ergeben. Wenn das Unternehmensergebnis schlecht ausfällt oder hohe Verluste eingefahren werden, bedeutet dies für den Arbeitnehmer eine deutliche Einbuße, da er auf die Erfolgsausschüttung verzichten muss. Insofern geht der Arbeitnehmer mit der Erfolgsbeteiligung auch ein unternehmerisches Risiko ein.

Erfolgsbeteiligungen, die früher eher eine untergeordnete Bedeutung hatten, sind heute der Schlüssel zu einem modernen und innovativen Vergütungssystem. Die Rendite einer Erfolgsbeteiligung hängt nicht nur von der individuellen Leistung des Mitarbeiters ab, sondern auch vom Gesamterfolg des Unternehmens. Bei den Erfolgsbeteiligungen unterscheidet man zwischen:

- Leistungs-,
- Ertrags- und
- Gewinnbeteiligungen.

Bei einer Leistungsbeteiligung werden verschiedene Kriterien zugrunde gelegt wie beispielsweise Kosteneinsparungen oder die Erhöhung der Produktivität. Leistungsbeteiligungen können sich auf das gesamte Unternehmen, aber auch auf einzelne Bereiche wie ein *Cost Center* oder einen einzelnen Geschäftsbereich beziehen.

Bei der Ertragsbeteiligung kommen betriebswirtschaftliche Kennzahlen wie die Höhe der Umsatzerlöse oder die erreichte Wertschöpfung zum Tragen. Die Ertragsbeteiligung ist insbesondere im Vertrieb weit verbreitet. Der Begriff Gewinnbeteiligung ähnelt dem der Erfolgsbeteiligung, er wird in der Praxis allgemeiner verwendet und bezeichnet ein Entgelt, das aufgrund eines Erfolgskriteriums zusätzlich zum Festgehalt bezahlt wird. Am häufigsten wird der erzielte Jahresüberschuss in der Handelsbilanz zum Ausgangspunkt genommen.

Während bei Erfolgsbeteiligungen die Ausschüttung als variabler Entgeltbestandteil erfolgt, akzentuiert die Gewinnbeteiligung stärker den Gedanken der Kapitalbeteiligung, der in Form von Belegschaftsaktien oder Genussrechten realisiert werden kann. Der Mitarbeiter avanciert auf diese Weise vom Arbeitnehmer zum Kapitaleigner des Unternehmens und übernimmt damit explizit ein unternehmerisches Risiko. Gewinnbeteiligungskonzepte stoßen in der betrieblichen Praxis auf eine nur verhaltene Resonanz, da viele Mitarbeiter das Risiko scheuen, zumal die Informationspolitik in vielen Unternehmen oft unzulänglich ist.

Die unternehmenswertorientierte Vergütung beruht auf der Steigerung des Unternehmenswertes, eines Konzepts, das im Rahmen des so genannten Shareholder Value diskutiert wird. So kann die Höhe der variablen Entgeltkomponenten vom Anstieg des Aktienkurses oder bei Unternehmen mit einer anderen Rechtsform von entsprechenden Kennzahlen abhängig gemacht werden.

Tantiemen
Die bei Führungskräften besonders bedeutsamen Tantiemen sind Vergütungen, die ergebnisabhängig ausbezahlt werden und sich an vorher definierten Leistungskriterien orientieren. Tantiemen werden vor allem an leitende Angestellte, Vorstände und an Geschäftsführer ausgeschüttet.

Während sich die Provisionen im Vertrieb nach dem Einzelerfolg bemessen, richten sich Tantiemen am gesamten Unternehmenserfolg aus. In vielen Fällen ist die Höhe der jeweiligen Tantiemen an den in der Handelsbilanz ausgewiesenen Jahresgewinn gekoppelt. Die Voraussetzung für den Bezug von Tantiemen ist eine vertragliche Vereinbarung, wobei die Ausschüttung meist nach der Aufstellung der Handelsbilanz erfolgt. Wenn ein Mitarbeiter vor Ende des Kalenderjahres das Unternehmen verlässt, werden die Tantiemen anteilig auf die Monate ausgezahlt. Der Arbeitnehmer kann darauf bestehen, dass der Arbeitgeber die Tantiemenhöhe erläutert und plausibel erklärt.

5 Die Kapitalbeteiligung

Das folgende Kapitel beschreibt die Kapitalbeteiligung als spezifische Form einer leistungsorientierten Bezahlung. Unterschiedliche Varianten werden systematisiert und erläutert.

Bei diesem Ansatz werden die Mitarbeiter am Kapital des Unternehmens beteiligt. Man unterscheidet zwischen einer Eigenkapital- und Fremdkapitalbeteiligung. Bei der Eigenkapitalbeteiligung wird der Mitarbeiter Anteilseigner und partizipiert am Gewinn bzw. Verlust des Unternehmens. Bei der Mitarbeiterkapitalbeteiligung erfolgt eine Bindung des Arbeitnehmers an das Unternehmen. Während der Mitarbeiter bei der Erfolgsbeteiligung unmittelbar nur an den Erfolg des Unternehmens gekoppelt ist und keine Verluste erleiden kann, besteht bei manchen Kapitalbeteiligungen die Gefahr von deutlichen Einbußen bis zum Totalverlust infolge einer Insolvenz.

Kapitalbeteiligungen sind vor allem bei größeren Konzernen und überwiegend Aktiengesellschaften verbreitet. Aber auch mittelständische Unternehmen bedienen sich dieses personalwirtschaftlichen Instrumentariums, das vor allem in den westlichen Bundesländern Anklang findet. Insgesamt betrachtet sind aber Erfolgsbeteiligungen viel häufiger vertreten als Kapitalbeteiligungen, mit denen ein höheres Risiko verbunden ist.

Durch Kapitalbeteiligungen möchte man die Leistungsmotivation der Belegschaft positiv beeinflussen und die Personalfluktuation deutlich reduzieren. Die Ausgestaltung der Kapitalbeteiligung hängt von einer Vielzahl unterschiedlicher Parameter ab, zu denen neben der Unternehmensgröße und der Rechtsform auch die Anbindung an den Kapitalmarkt gehört. Kleine Unternehmen haben den Vorteil, dass sie überschaubarer sind und deshalb leichter eine Kapitalbeteiligung transparent gestalten können. We-

sentlich schwieriger ist die Umsetzung bei einer GmbH, da hier Mitarbei-
terbeteiligungen ein komplexes Vertragswerk erfordern und meist die
Hauptgesellschafter der GmbH Zugeständnisse machen müssen.

Die Finanzierung der Kapitalbeteiligung kann in der betrieblichen Praxis
unterschiedlich durchgeführt werden. Entweder bringt der Mitarbeiter eigene
finanzielle Leistungen auf, die zur Kapitalbeteiligung führen. Solche Ansätze sind jedoch eher unpopulär, da sie mit eigenem finanziellen Aufwand
verbunden sind. Denkbar sind aber die Nutzung von Gehaltsbestandteilen
oder von vermögenswirksamen Leistungen. Oder die Kapitalbeteiligung
speist sich aus Zuwendungen des Unternehmens in Form von Leistungsbeteiligungen, Gratifikationen und anderen Sonderzuwendungen sowie
Gewinnbeteiligungen, die dann in eine Kapitalbeteiligung umgewandelt
werden. Man spricht in diesem Kontext von einer investiven Erfolgsbeteiligung.

Im Folgenden werden die einzelnen Formen der Kapitalbeteiligung systematisch dargestellt.

5.1   Kapitalbeteiligungen allgemein

Kapital- oder Unternehmensbeteiligungen sind auf vielfältige Art und
Weise möglich. Bei einer Aktiengesellschaft als Aktionär, bei anderen
Rechtsformen wie einer GmbH in Form eines Gesellschaftsvertrags. Eine
Minderheitsbeteiligung (bei einer Beteiligungsquote bis zu 25 %) ermöglicht bereits eine stärkere Einflussnahme; eine Sperrminderheitsbeteiligung
(bei einer Beteiligungsquote bis zu 50 %) hat bereits erheblichen Einfluss
auf das Unternehmen. Daneben gibt es noch die Mehrheitsbeteiligung und
eine Dreiviertelmehrheitsbeteiligung und eine Eingliederungsbeteiligung
(zwischen 95 und 100 %). Eine Beteiligung am Eigenkapital des Unternehmens liegt nur dann vor, wenn der Wert des in der Bilanz ausgewiesenen Eigenkapitals exakt dem Unternehmenswert korrespondiert. In der
Realität ist der Unternehmenswert jedoch höher, da man die stillen Reser-
ven und die Ertragschancen des Unternehmens in der Zukunft mit einbeziehen sollte. Wenn ein Unternehmensanteil nicht über einen Kapitalmarkt
wie die Börsen erworben wird, liegt eine Kapitalerhöhung vor.

Es gibt viele verschiedene Möglichkeiten für eine Eigenkapitalbeteiligung im Bereich des Entgeltmanagements. Neben der Ausgabe von Belegschaftsaktien, von der vor allem größere Aktiengesellschaften Gebrauch machen, werden Mitarbeiter entweder über Genussscheine oder als stille Gesellschaft mit einbezogen.

Genussscheine sind mit keinen Beteiligungsrechten im engeren Sinne verbunden – d.h. die Mitarbeiter haben anders als bei Belegschaftsaktien oder GmbH- oder Genossenschaftsanteilen keine Möglichkeit, auf die Unternehmenssteuerung Einfluss zu nehmen. Genussscheine sind nur mit einer Ausschüttung verbunden, wenn das Unternehmen Gewinn erwirtschaftet. Bei Verlusten können auch Genussscheininhaber haften. Die Kapitalbeteiligung über Genussscheine ist vor allem für eigentümerdominierte Unternehmen lukrativ, die einen Fremdeinfluss ausschließen wollen.

5.2   Eigen- oder Fremdkapital

Prinzipiell unterscheidet man zwischen Eigenkapitalbeteiligungen und Fremdkapitalbeteiligungen. Eine Eigenkapitalbeteiligung bedeutet für den kapitalgebenden Mitarbeiter stets eine Partizipation am unternehmerischen Risiko. Typisches Beispiel dafür ist die Ausgabe von Belegschaftsaktien. In einem ungünstigen Börsenumfeld können die Aktien trotz positiver Auftragsbestände und exzellenten Bilanzkennzahlen sinken. Besonders schlecht entwickeln sich Aktien, wenn das Unternehmen Umsatzrückgänge oder eine verhaltene Gewinnentwicklung ausweist. Bei anderen Rechtsformen ergeben sich vielfältige Hindernisse und Hürden aufgrund der Rechtsform. So ist eine Kapitalbeteiligung an einer OHG in der Praxis nicht durchführbar, da sie dem Mitarbeiter eine unbeschränkte Haftung für Verbindlichkeiten des Unternehmens aufbürden würde. Auch bei der Kommanditgesellschaft ergeben sich trotz des besseren Status eines Kommanditisten aufgrund der Haftungsbeschränkung Probleme steuerlicher Natur.

Ebenso wenig bietet sich eine Beteiligung an einer GmbH an. Abgesehen von der schwierigen Veräußerbarkeit von GmbH-Anteilen, die anders als Aktien kaum fungibel sind und deren Marktpreis sich nur schwer ermitteln lässt, gibt es bei einer GmbH zahllose einzuhaltende Formvorschriften. Darüber hinaus müsste eine GmbH bei einer Beteiligung von Mitarbeitern viele

Interna aufgrund der weitreichenden Auskunftsrechte preisgeben und genaue
Angaben über die Unternehmensverhältnisse machen.

Eine andere Möglichkeit stellt eine Beteiligung über Fremdkapital dar. Bei
dieser Variante räumt der Mitarbeiter dem Unternehmen ein Darlehen ein.
Dieser Ansatz hat für das Unternehmen den Vorteil, dass keine Mitsprache-
und Mitbestimmungsrechte gewährt werden müssen. Für den Mitarbeiter
bedeutet die Gewährung von Darlehen unter Umständen ein Risiko, wenn
sich die Bonität und die Liquidität des Unternehmens verschlechtern.

5.3   Belegschaftsaktien

Belegschaftsaktien können von Mitarbeitern des Unternehmens erworben
werden; in vielen Fällen werden diese Aktien zu einem Vorzugskurs, d.h.
mit einem deutlichen Rabatt an die Mitarbeiter weitergegeben, so dass sich
diese am Produktivvermögen des Unternehmens beteiligen können. Die
Ausgabe von Belegeschaftsaktien ist häufig in ein Gesamtkonzept eingebettet, das die genauen Rahmenbedingungen definiert.

Solche Ansätze werden als *Employee Stock Ownership Program* oder bei
Führungskräften als *Executive Stock Ownership Program* bezeichnet.

Die Beteiligung über Belegschaftsaktien erfüllt folgende Funktionen:

- Vermögensbildung und Beteiligung am Produktivvermögen des Unternehmens
- breite Streuung des Aktienbesitzes (Erhöhung des so genannten *Free
  Floats* bei Aktien)
- Stärkung der Aktienkultur in Deutschland
- Verbesserung der Mitarbeiterbindung
- stärkere Identifikation mit den Unternehmenszielen

5.4   Eigenkapitalähnliche Beteiligungen

Neuere Formen der Kapitalbeteiligung versuchen die Probleme zu lösen, die sich aus verschiedenen Rechtsformen ergeben. Die Schwierigkeiten bestehen entweder darin, dass eine Beteiligung nur unter hohem administrativen oder rechtlichem Aufwand möglich ist (wie bei der GmbH) oder steuerliche Aspekte ein solches Vorhaben erschweren wie bei der Kommanditgesellschaft.

Durch eigenkapitalähnliche Beteiligungen können diese Probleme gelöst werden, denn es gibt die gesellschaftsrechtlichen Formen der stillen Gesellschaft und die Genussrechte, die zu den mezzaninen Kapitalbeteiligungen zählen. Diese Beteiligungsarten werden steuerlich als Fremdkapital angesehen, fungieren aber letztlich als Eigenkapital.

5.5   Direkte oder indirekte Beteiligung

Eine wichtige Unterscheidung bei Kapitalbeteiligungen ist die zwischen der direkten und der indirekten Beteiligung. Während bei der direkten Kapitalbeteiligung ein unmittelbares Verhältnis zwischen dem Mitarbeiter und dem Unternehmen begründet wird, ist dies bei der indirekten Beteiligung nicht der Fall. Eine indirekte Beteiligung wird realisiert, indem zwischen dem Mitarbeiter und dem Unternehmen eine Beteiligungsgesellschaft etabliert wird, deren Aufgabe darin besteht, die einzelnen Beteiligungen in einem „Pool" zu bündeln und zusammenzufassen. Vor allem Konzerne bedienen sich dieser Methode.

5.6   Die stille Gesellschaft

Eine wichtige Form der Beteiligung ist die des stillen Gesellschafters, die vor allem bei Personengesellschaften angewandt wird; bei diesem Ansatz tätigt der stille Gesellschafter eine Einlage, die ihn zur Beteiligung an den Gewinnen berechtigt. Eine Beteiligung an den Verlusten kann vertraglich ausgeklammert werden. Die stille Gesellschaft hat den Vorteil, dass keine Haftung gegenüber den Gläubigern entsteht.

Sie erweist sich daher als interessantes Instrument für die Mitarbeiterbeteiligung, und vor allem Klein- und mittelständische Unternehmen, die die

Rechtsform einer Kapitalgesellschaft haben, bieten diese Form der Kapitalbeteiligung den Mitarbeitern an. Dennoch sollte man bedenken, dass vertraglich auch eine Beteiligung an den Verlusten vereinbart werden kann. Bei
einer ungünstigen Geschäftsentwicklung kann die Beteiligung über eine
stille Gesellschaft zu hohen Verlusten führen.

Die stille Gesellschaft erscheint außer bei Aktiengesellschaften offiziell
nicht, da sie nicht im Handelsregister vermerkt ist. Die stille Gesellschaft
kann ohne Einhaltung von Formalitäten gegründet werden; es ist aber sinnvoll, einen schriftlichen Vertrag abzuschließen, insbesondere um beispielsweise eine Verlustbeteiligung auszuschließen. Für Unternehmer hat
diese Form der Beteiligung den entscheidenden Vorteil, dass der stille Gesellschafter lediglich auf eine Gewinnausschüttung hoffen kann, während
bei einer Kreditaufnahme eine Zinsbelastung entstünde.

5.7   Typische Stille Beteiligung

Die typische stille Beteiligung ist die herkömmliche Variante, bei der der
Gesellschafter am Gewinn und gegebenenfalls am Verlust beteiligt wird. Die
Gewinne werden als Einkünfte aus Kapitalvermögen der Steuer unterworfen.
Bei einer Verlustbeteiligung kann auch eine negative Einlage entstehen, die
jedoch durch Gewinne in Folgejahren wieder ausgeglichen werden muss. Der
stille Gesellschafter hat das Recht, einen Jahresabschluss zu erhalten und sich
von der Richtigkeit durch die Kontrolle der Unterlagen zu überzeugen.

5.8   Atypische Stille Beteiligung

Die atypische stille Beteiligung ist umfassender angelegt als die typische
stille Beteiligung. Bei ihr wird der Gesellschafter nicht nur am Gewinn und
Verlust beteiligt, sondern auch am Vermögen des Unternehmens. Dies hat
den Vorteil, dass der Gesellschafter auch von den vorhandenen stillen Re-
serven und vom Geschäftswert des Unternehmens profitiert. Nachteilig ist
jedoch, dass dieser Gesellschafter für Verluste vollständig haftet, d.h. er
haftet über die eigentliche Einlage hinaus mit seinem Privatvermögen. In der
Vergangenheit haben Anleger mit dieser Form der Beteiligung drastische

Einbußen erlitten, und es kam zu Nachforderungen. Es ist daher empfehlenswert, jede atypische stille Beteiligung genau zu überprüfen und im Zweifelsfall darauf zu verzichten. Durch die Haftung mit dem Privatvermögen entsteht ein beträchtliches und kaum einschätzbares Risiko, das auch leitende Angestellte nur in Ausnahmefällen akzeptieren sollten. Der atypische stille Gesellschafter gilt als Mitunternehmer und erzielt daher Einkünfte aus Gewerbebetrieb.

5.9   Partiarisches Darlehen

Das partiarische Darlehen ist eine Sonderform des Kredits, bei dem keine festgelegten Zinsen entrichtet werden, sondern die Zinshöhe orientiert sich am Gewinn oder an der Umsatzhöhe des Unternehmens. Erwirtschaftet das Unternehmen höhere Gewinne oder Umsatzerlöse muss es auch höhere Zinsen für das partiarische Darlehen zahlen. Anders als bei der stillen Gesellschaft hat der Darlehensgeber kein eigentliches Interesse an einer Unternehmensbeteiligung oder an einer Mitunternehmerschaft. Der Darlehensgeber erzielt in steuerlicher Hinsicht Einkünfte aus Kapitalvermögen.

5.10   Fremdkapitalbeteiligung

Die Fremdkapitalbeteiligung kann als Darlehen mit einem festen oder variablen Zinssatz erfolgen. Für den Arbeitgeber hat diese Form der Beteiligung den Vorteil, dass der Mitarbeiter keinen Einfluss auf die Unternehmensführung geltend machen kann. Für den Darlehensgeber hat diese Beteiligung den Vorteil, dass das Unternehmen ungeachtet der wirtschaftlichen Lage regelmäßig die vereinbarten Zinsen zahlen muss. Diese Darlehen sind in der Regel zinsgünstiger als bankübliche Kredite. Die meisten Unternehmen orientieren sich bei der Darlehensvergabe am Zinssatz für Hypothekenpfandbriefe.

5.11   Der Investivlohn

Der Investivlohn fand als Form des Entgeltmanagements in den letzten Jahren größere Beachtung und Gegenstand der reformpolitischer Diskussionen. Beim Investivlohn wird ein Teil des Entgelts nicht als Geld an den Arbeitnehmer weitergegeben, sondern direkt in eine Unternehmensbeteiligung umgewandelt. Bei diesem Modell kann die Unternehmensbeteiligung über Belegschaftsaktien, GmbH-Anteile oder Wandelanleihen erfolgen. Häufig wird dieses Modell so ausgestaltet, dass variable Entgeltbestandteile in Unternehmensanteile fließen; die Maximalgrenze liegt bei den meisten Unternehmen bei zehn Prozent des Entgelts. Am leichtesten lässt sich die Beteiligung über Belegschaftsaktien umsetzen.

6 Betriebliche Sozialleistungen

Das Kapitel 6 schafft einen Überblick über die Struktur betrieblicher Sozialleistungen als besondere Form der Entlohnung des Arbeitnehmers. Der Begriff *betriebliche Sozialleistung* wird definiert und durch eine Beschreibung der Voraussetzungen und Zielsetzungen derselben wird ihr Nutzen vermittelt.

Betriebliche Sozialleistungen sind Leistungen von Arbeitgebern an Mitarbeiter oder Pensionäre oder deren Angehörige, die zusätzlich zu dem regulären Arbeitsentgelt gezahlt werden. Betriebliche Sozialleistungen haben in den letzten Jahren beträchtlich an Bedeutung gewonnen; sie sind im Entgeltmanagement ein wichtiger Aspekt der Mitarbeiterbindung. Komplexe Ansätze betrachten die betrieblichen Sozialleistungen in einem Gesamtzusammenhang; man spricht davon von Sozialleistungsmanagement.

Die betrieblichen Sozialleistungen lassen sich in gesetzliche, tarifvertragliche, arbeitsvertragliche und freiwillige untergliedern.

6.1 Modelle betrieblicher Sozialleistungen

Betriebliche Sozialleistungen werden stets in einem komplexen Ansatz zusammengefasst und sollen die Entwicklungs- und Qualifizierungsmöglichkeiten der Mitarbeiter mit einbeziehen. Die Gesamtheit der betrieblichen Sozialleistungen stellt ein Anreizsystem dar, das der nachhaltigen Leistungssteigerung dienen soll. Die Sozialpolitik des Unternehmens lässt sich je nach dem Grad und der Intensität der Ausgestaltung als umfassend oder spezifisch kennzeichnen. Umfassende Sozialpolitik bezieht sich auf die Gesamtheit der betrieblichen Sozialleistungen. Wird die Belegschaft dagegen in verschiedene Gruppen und Sektoren aufgeteilt und werden je nach Zielgruppe divergierende Leistungen angeboten, dann spricht man von einer spezifischen Sozialpolitik.

Mit der Gewährung und Organisation betrieblicher Sozialleistungen kann die Bindung der Mitarbeiter an das Unternehmen intensiviert werden und eine stärkere Identifikation erreicht werden. Bei der Bindungswirkung ist der Qualifizierungsgrad der Mitarbeiter und der Führungskräfte besonders relevant. Vor allem hochqualifizierte Fach- und Führungskräfte sollen durch hochwertige Sozialleistungen langfristig an das Unternehmen gebunden werden. In einigen Teilbereichen des deutschen Arbeitsmarktes ergeben sich bereits spürbare Engpässe, so dass vor allem Ingenieure und Informatiker fehlen. Ein systematisches und erfolgreiches Personalmarketing wird daher immer von einem innovativen Sozialleistungsmanagement flankiert. Neben Sozialleistungen, die eine direkte Bindung des Mitarbeiters beinhalten, sind auch solche Leistungen relevant, die sich wie die Arbeitszufriedenheit auf das allgemeine Betriebsklima auswirken. Dazu gehören auch Aufstiegschancen, Führungs-, Budget- und Eigenverantwortung.

6.2   Zielsetzung betrieblicher Sozialleistungen

Die betrieblichen Sozialleistungen haben vielfältige Funktionen; sie sollen insbesondere dazu beitragen, das Betriebs- und Arbeitsklima zu verbessern, die Leistungsbereitschaft der Mitarbeiter zu erhöhen und sehr gute Leistungen zu honorieren. Darüber hinaus haben betriebliche Sozialleistungen auch eine Funktion im Personalmarketing, denn sie erhöhen die Attraktivität des Unternehmens auf dem Arbeitsmarkt und erleichtern so die Rekrutierung hochqualifizierter Mitarbeiter und High Potentials. Betriebliche Sozialpolitik sollte stets in die strategische Unternehmenspolitik eingebettet sein, um den langfristigen Erfolg des Unternehmens abzusichern.

Sozialleistungen federn soziale Härten ab, die sich aus einem Arbeitsverhältnis ergeben können, fördern die Gesundheitsvorsorge und tragen zur Leistungsfähigkeit der Belegschaft bei.

Sicherlich sind angesichts des hohen Leistungspotenzials von Führungskräften und hoch qualifizierten Fachkräften die Sozialleistungen des Unternehmens von sekundärer Bedeutung, wenn das Grundentgelt und die Arbeitsatmosphäre nicht den Anforderungen gerecht werden. Aufgrund der Komplexität und des Zusammenspiels vieler Faktoren lässt sich der Nutzen betrieblicher Sozialleistungen nicht eindeutig beziffern. Dennoch deuten die Befunde in der Praxis darauf hin, dass betriebliche Sozialleistungen eine starke Bindungswirkung entfalten und die Fluktuation verringern. Eine wichtige Schlüsselfunktion haben dabei die betriebliche Altersversorgung, die Aufstiegschancen und die Weiterbildungsmaßnahmen bzw. die strategische und operative Personalentwicklung. Werden die Sozialleistungen zu sehr differenziert und zielgruppenspezifisch eingesetzt, besteht die Gefahr, dass es zur Aufspaltung und Polarisierung der Belegschaft kommt, was den Betriebsfrieden und das Arbeitsklima beeinträchtigt. Bedacht werden sollte auch, dass Sozialleistungen kaum wieder rückgängig gemacht werden. Dies verhindert nicht nur die betriebliche Übung, sondern auch die allgemeine Akzeptanz dieser Leistungen bei den Mitarbeitern. Jeder Schritt sollte daher sorgfältig geplant werden.

Angesichts der schwierigen Situation in der gesetzlichen Sozialversicherung und der Reduzierung staatlicher Leistungen genießen betriebliche Sozialleistungen hohes Ansehen und verschaffen dem Unternehmen zusätzliches Prestige. Das Schlagwort von der „Corporate Responsibility" gewinnt an Bedeutung und charakterisiert die soziale Verantwortung und das Engagement von Unternehmen. So wurde beispielsweise im Jahre 2006 die Faber-Castell AG für die vorbildlichen Arbeitsbedingungen ausgezeichnet und gewürdigt. Das Unternehmen hat eine eigene Sozialcharta aufgestellt und lehnt beispielsweise Zwangs- oder Kinderarbeit kategorisch ab.

6.3   Voraussetzungen für die Einführung des Sozialleistungsmanagements

Ein System betrieblicher Sozialleistungen ist besonders dann erfolgreich, wenn die Bedürfnisse, Wünsche und Voraussetzungen der Mitarbeiter und Führungskräfte bereits in der Planungsphase berücksichtigt werden. Für viele Mitarbeiter sind die Sicherheit des Arbeitsplatzes, eine angemessene Altersversorgung und die Möglichkeit, aufzusteigen und eigenverantwortlich zu handeln, wichtige Kriterien für die Zufriedenheit am Arbeitsplatz. Sozialleistungen, die diese Bestrebungen zusätzlich unterstützen, werden schneller akzeptiert. Wichtig ist es auch, dass den Mitarbeitern das Angebot an Sozialleistungen bekannt ist.

Auf Arbeitgeberseite sollte man stets die Finanzierbarkeit der betrieblichen Sozialleistungen beachten, denn es gilt auch hier, eine Kosten-Nutzen-Analyse vorzunehmen, zumal einzelne Formen betrieblicher Sozialleistungen das Unternehmen über viele Jahrzehnte belasten. Um eine unangemessene Kostensteigerung zu vermeiden und die Effizienz der Leistungen zu garantieren, ist es empfehlenswert, alle Maßnahmen einem Controlling zu unterziehen. Bei bestimmten Sozialleistungen ist es ratsam, eine Kooperation mit anderen Unternehmen anzustreben, um Kostensenkungspotenziale und Synergieeffekte zu nutzen. Beispielsweise ist die Verhandlungsposition beim Abschluss einer Direktversicherung wesentlich besser, wenn mehrere Unternehmen zusammenarbeiten. Die genaue Ausgestaltung des Systems der betrieblichen Sozialleistungen ist von der Zustimmung des Betriebsrats abhängig. Daher sollte man bereits in der Planungsphase oder bei der Weiterentwicklung den Betriebsrat frühzeitig mit einbeziehen.

6.4   Cafeteria-System

Ein besonders innovatives Konzept ist das Cafeteria-System, bei dem der Mitarbeiter betriebliche Sozialleistungen selbst auswählen und an seine Bedürfnisse anpassen kann. Durch diesen Ansatz wird nicht nur die Selbstständigkeit und die Mitwirkung gestärkt, sondern das Cafeteria-System gestattet auch ein hohes Maß an Flexibilität und Dynamik.

Bei einem Cafeteria-System trifft das Unternehmen eine Einteilung, bei der ein Basissystem definiert wird. Zu den Basiselementen zählt man grundlegende Leistungen wie Unfallschutz und Arbeitssicherheit. Darauf bauen dann die optionalen Leistungen auf, die der Mitarbeiter nach eigenem Ermessen zusammenstellen kann.

7   Gesetzliche betriebliche Sozialleistungen

Das folgende Kapitel beschreibt den gesetzlichen Rahmen, der für betriebliche Sozialleistungen gegeben ist. Dabei wird insbesondere verdeutlicht, welches Minimum an Sozialleistungen Unternehmen für alle Arbeitnehmer zu leisten haben.

Zu den gesetzlichen betrieblichen Sozialleistungen zählen die Beiträge der Arbeitgeber zur gesetzlichen Kranken-, Renten-, Arbeitslosen- und Pflegeversicherung sowie Versicherungsbeiträge gegen Unfälle und Berufskrankheiten bei der Berufsgenossenschaft oder die Entgeltfortzahlung im Krankheitsfall. Hinzu kommen Leistungen aufgrund des Mutterschutzes und die Bezahlung von Feiertagen sowie anderen Ausfallzeiten.

7.1   Die Lohnnebenkosten

Unter Lohnnebenkosten oder Lohnzusatzkosten werden die Beiträge zur Renten-, Kranken-, Pflege- und Arbeitslosenversicherung verstanden. Diese werden in Deutschland für die Renten- und die Arbeitslosenversicherung je zur Hälfte vom Arbeitnehmer und vom Arbeitgeber gezahlt. Für die Kranken- und die Pflegeversicherung tragen die Arbeitnehmer geringfügig höhere Anteile. Zu den Lohnnebenkosten werden weitere Kosten gerechnet, die sich einem Arbeitsplatz zuordnen lassen.

Von den Arbeitgebern werden zu den Lohnnebenkosten auch die Entgeltfortzahlung im Krankheitsfall, der tariflich vereinbarte Urlaub und andere tariflich oder einzelvertraglich vereinbarte Zusatzleistungen (z.B. Tantiemen, Weihnachtsgeld, Urlaubsgeld, Mehrarbeits- und Sonderzuschlagszahlungen, Firmenfahrzeug, verbilligtes Kantinenessen oder Betriebsausflug) gezählt.

Ein ähnlicher Begriff, der jedoch zur Abgrenzung verwendet wird, sind die Personalzusatzkosten. Diesen verwendet auch das statistische Amt der Europäischen Union, *Eurostat*. Diesem Ansatz zufolge bestehen die Arbeitskosten je geleisteter Arbeitsstunde aus dem direkten Stundenlohn (Arbeitsentgelt) und den Personalzusatzkosten. Das direkte Arbeitsentgelt setzt sich aus dem Entgelt für geleistete Arbeit zuzüglich der Überstundenzuschläge, Schichtzulagen und regelmäßig gezahlter Prämien zusammen.

Die Personalzusatzkosten beziehen sich auf die übrigen direkten Kosten und die anderen indirekten Kosten. Direkte Personalzusatzkosten sind beispielsweise die vorgeschriebene Bezahlung für arbeitsfreie Tage (Urlaub und Feiertage) sowie Sonderzahlungen und Gratifikationen (z.B. Weihnachtsgeld), sonstige Zahlungen und beispielsweise Belegschaftsrabatte. Indirekte Personalzusatzkosten sind auch die Arbeitgeberbeiträge zur Sozialversicherung, die Entgeltfortzahlung im Krankheitsfall, sonstige Aufwendungen sozialer Art und die Kosten der Berufsausbildung.

Die Sozialabgaben sind eine gesetzliche Pflichtversicherung, die bereits zum Teil im 19. Jahrhundert eingeführt wurde. Der Beitrag des Arbeitnehmers wird mit der monatlichen Gehaltszahlung an die Krankenkassen abgeführt. Die Einzugsstelle, nämlich die zuständige Krankenkasse, verteilt den Gesamtsozialversicherungsbeitrag auf die einzelnen Sozialversicherungsträger wie etwa die Deutsche Rentenversicherung.

Durch die Agenda 2010 wurde die bisher paritätisch ausgerichtete Finanzierung der Sozialversicherungen aufgeweicht und dem Arbeitnehmer wurden zusätzliche Kosten aufgebürdet. Auch Leistungskürzungen im Bereich der Krankenversicherungen und der Arbeitslosenversicherungen haben die Position des Arbeitnehmers verschlechtert.

7.2   Die Entgeltfortzahlung im Krankheitsfall

Die Entgeltfortzahlung im Krankheitsfall wird im Entgeltfortzahlungsgesetz geregelt. Dieses Gesetz gilt für alle Beschäftigten, wenn nicht im jeweils zuständigen Tarifvertrag andere Vereinbarungen enthalten sind. Danach wird Arbeitnehmern und Auszubildenden bei einer Arbeitsunfähigkeit infolge ein und derselben Erkrankung für die Dauer von sechs Wochen das Arbeitsentgelt weitergezahlt.

Anspruch auf Entgeltfortzahlung haben nicht nur vollzeitbeschäftige Arbeitnehmer, sondern auch Teilzeitkräfte. Die Entgeltfortzahlung ist an bestimmte Voraussetzungen geknüpft. Das Arbeitsverhältnis muss seit mindestens vier Wochen bestehen. Die Arbeitsunfähigkeit ist an den jeweiligen Beruf gekoppelt, d.h. ein Dachdecker kann nach einem Beinbruch arbeitsunfähig sein – ein Abteilungsleiter jedoch nicht. Die Arbeitsunfähigkeit muss auf einer Krankheit beruhen, die ein Arzt attestiert. Der Mitarbeiter darf seine Krankheit nicht selbst verschuldet haben, wobei ein grober Verstoß (beispielsweise ein Unfall infolge von Trunkenheit am Steuer) vorliegen muss.

Der Anspruch auf Entgeltfortzahlung entfällt, wenn der Mitarbeiter wegen der gleichen Krankheit erneut oder häufiger arbeitsunfähig wird, solange nicht mindestens sechs Monate seit dem letzten Ausfall aufgrund derselben Krankheit verstrichen sind oder (bei Ausfällen in kürzeren Intervallen) die letzte Entgeltfortzahlung infolge derselben Krankheit mindestens ein Jahr zurückliegt.

Bei der Berechnung des Entgelts wird das Lohnausfallprinzip angewandt. Der Mitarbeiter erhält dieselbe Vergütung, die er in dem Zeitraum erhalten hätte, wenn er nicht erkrankt wäre, wobei Überstunden unberücksichtigt bleiben. Allerdings müssen Überstunden, die ohnehin regelmäßig angefallen wären, vergütet werden. Als Abweichung von diesem Ansatz kann tariflich auch das Vorverdienst- oder Referenzprinzip angewandt werden. Bei diesem orientiert sich die Höhe der Entgeltfortzahlung am Durchschnittsverdienst in den Vormonaten.

8 Tarifliche betriebliche Sozialleistungen

Das Kapitel 8 beschreibt den Rahmen, der durch Tarifverträge für betriebliche Sozialleistungen festgelegt sein kann. Die Bedeutung solcher Formen betrieblicher Sozialleistungen wird kurz diskutiert.

Tarifvertraglich werden vor allem Regelungen über die Zahl der Urlaubstage, das Urlaubsgeld, die Art und Höhe von Gratifikationen (Sonderzuwendungen), das 13. Monatsgehalt, die betriebliche Altersversorgung, die Familienbeihilfe und die Vermögensbildung vereinbart. Tarifvertragliche Sozialleistungen können sich teilweise mit den freiwilligen betrieblichen Sozialleistungen überschneiden. Aber nur bei den freiwilligen Leistungen hat der Arbeitgeber einen direkten Einfluss auf die Ausgestaltung.

9 Freiwillige betriebliche Sozialleistungen

Das folgende Kapitel beschreibt Formen betrieblicher Sozialleistungen, welche üblicherweise von Unternehmen freiwillig geleistet werden. Dabei wird für die einzelnen Maßnahmen verdeutlicht, wie zusätzliche Anreizsysteme für eine Gruppe von Arbeitnehmern oder für einzelne Arbeitnehmer geschaffen werden können.

Eine bedeutsame freiwillige Sozialleistung ist die betriebliche Altersversorgung, da sie von allen freiwilligen Sozialleistungen den höchsten Stellenwert hat. Angesichts des sinkenden Rentenniveaus ist sie für die Mitarbeiter von großem Vorteil. In diesen Zusammenhang gehört auch die betrieblich geförderte Vermögensbildung. Kantinen oder Essenszuschüsse zählen zu dem ebenfalls verbreiteten betrieblichen Sozialleistungen. Fahrtkostenzuschüsse und die Nutzung freier Parkplätze sollen Mitarbeitern eine schnellere und günstige Anfahrt ermöglichen. Durch Personalrabatte oder den Belegschaftsverkauf sollen die Mitarbeiter von den Produkten und Dienstleistungen des Unternehmens profitieren.

Weitere freiwillige Sozialleistungen können zinsfreie oder zinsgünstige Arbeitgeberdarlehen sein. In Notfällen sehen einige Unternehmen auch eine zusätzliche Unterstützung vor, die es früher vor allem in Form einer Sterbekasse gab. Heute sind eher Risikolebensversicherungen gängig, die die Verwandten und Hinterbliebenen im Todesfall absichern. Freiwillige Sozialleistungen umfassen indes auch unternehmensinterne Beratungsdienste wie die Sucht-, Schuldner- oder Familienberatung. Im Kontext der Vereinbarkeit von Familie und Beruf gewinnen Betriebskindergärten an Bedeutung, da sie die Akzeptanz eines Unternehmens merklich erhöhen und Fehlzeiten deutlich verringern.

9.1   Gratifikationen

Eine Gratifikation oder Sondervergütung ist ein zusätzliches Entgelt des
Arbeitgebers über das Grundentgelt hinaus. Das Wort Gratifikation wird
auch allgemein für zusätzliche Vergütungen verwendet. Gratifikation kann
man in drei grundsätzliche Kategorien untergliedern: In Sonderzahlungen,
die als Anerkennung einer Arbeitsleistungen anzusehen sind, als Sonderzahlungen für eine langjährige Betriebszugehörigkeit (Jubiläumszuwendungen) oder eine Mischform.

Oft werden solche Sonderzahlungen mit einer Rückzahlungsklausel und
einem Freiwilligkeitsvorbehalt versehen, da sonst langfristig für den Arbeitgeber eine regelmäßige Zahlungsverpflichtung entstehen könnte.

Zu den wichtigsten Gratifikationen zählen das Weihnachts- und Urlaubsgeld, die Jubiläumszuwendung und erfolgsorientierte Sonderzahlungen. Mit
solche Zuwendungen werden Betriebsloyalität und herausragende Arbeitsleistungen besonders anerkannt. Gratifikationen können im Einzelvertrag
verankert sein, aber auch in einem Tarifvertrag oder in einer Betriebsvereinbarung enthalten sein.

Wenn eine Gratifikation drei Mal hintereinander gewährt wird, gilt dies
aus juristischer Sicht als so genannte betriebliche Übung. Hat der Arbeitgeber keinen schriftlichen Vorbehalt geltend gemacht, muss die Gratifikation
auch zukünftig bezahlt werden.

9.2   Urlaubsgeld

Urlaubsgeld ist ein zusätzliches Entgelt des Arbeitgebers an einem Mitarbeiter, das oft im Juni ausgezahlt wird und als Finanzierung für den
Sommerurlaub dienen soll. Beim Urlaubsgeld muss man unterscheiden
zwischen jenem Entgelt, das gesetzlich im Bundesurlaubsgesetz geregelt
ist und für die Dauer des Urlaubs weiterbezahlt wird, und einem zusätzlichen Urlaubsgeld.

Wird das Urlaubsgeld vom Unternehmen wiederholt freiwillig gezahlt, ohne dass ein Vorbehalt oder Widerruf geltend gemacht wird, kann ein regelmäßiger Anspruch entstehen. Im Arbeitsvertrag kann eine Vereinbarung gemacht werden, der zufolge der Mitarbeiter zur Rückzahlung des Urlaubsgeldes verpflichtet ist, wenn er innerhalb eines bestimmten Zeitraums nach der Zahlung aus dem Betrieb ausscheidet. Die Höhe der Zahlung ist abhängig von der jeweiligen Branche, dem Unternehmen und der Dauer der Betriebszugehörigkeit. Während noch in den 1980er Jahren viele Tarifverträge sich ausdrücklich mit dem Urlaubsgeld befassten, hat sich in den letzten Jahren der Trend etabliert, das Urlaubsgeld zu kürzen oder völlig zu streichen.

9.3   Weihnachtsgeld oder 13. Monatsgehalt

Weihnachtsgeld ist ein zusätzliches Entgelt des Arbeitgebers an den Mitarbeiter, das in der Regel im November überwiesen wird. Der Anspruch auf Weihnachtsgeld kann durch einen Tarifvertrag, eine Betriebsvereinbarung, einen einzelnen Arbeitsvertrag oder aufgrund einer freiwilligen Leistung des Unternehmens entstehen.

Die Höhe ist oft von der Branche, dem Unternehmen, der Dauer der Betriebszugehörigkeit und den betrieblichen Gepflogenheiten abhängig. Unternehmen dürfen ihren Mitarbeitern unterschiedlich hohe Weihnachtsgelder zahlen, wenn sachliche Gründe hierfür vorliegen. Eine höhere Qualifikation reicht nach Auffassung des Bundesarbeitsgerichts jedoch als alleiniges Kriterium nicht aus. Wenn der Arbeitgeber Weihnachtsgeld wiederholt freiwillig zahlt, ohne eine Vorbehaltsklausel geltend zu machen, kann ein Anspruch aus betrieblicher Übung entstehen, so dass das Weihnachtsgeld auch künftig gezahlt werden muss.

Im Arbeitsvertrag kann eine Vereinbarung enthalten sein, wonach der Mitarbeiter zur Rückzahlung des Weihnachtsgeldes verpflichtet ist, wenn er innerhalb eines bestimmten Zeitraums nach der Zahlung des Weihnachtsgeldes aus dem Betrieb ausscheidet. Auch Tarifverträge können eine Rückzahlungsverpflichtung vorsehen. Das Weihnachtsgeld wird gelegentlich auch als Sonderzuwendung, 13. Monatsgehalt, Zuwendung oder Sonderzahlung bezeichnet.

9.4   Die Jubiläumszuwendung

Die Jubiläumszuwendung ist eine Sonderzahlung für einen Mitarbeiter, der seit 10 oder mehr Jahren Tätigkeit dem Unternehmen angehört. Zu bestimmten Jubiläen (10, 20 oder 25 Jahre) bekommt er eine Jubiläumszuwendung. Die Höhe der Jubiläumszuwendung ist häufig in Tarifverträgen geregelt. Für Jubiläumszuwendungen gelten im Einkommensteuerrecht besondere Vergünstigungen.

9.5   Die betriebliche Übung

Auch wenn freiwillige Leistungen zunächst tatsächlich freiwillig sind, entsteht unter Umständen eine Verpflichtung des Arbeitgebers zur Leistung. Juristen nennen dies eine betriebliche Übung. Als betriebliche Übung bezeichnet man den Umstand, dass ein Arbeitnehmer aus der regelmäßigen Wiederholung bestimmter Verhaltensweisen des Arbeitgebers annehmen kann, dass der Arbeitgeber auch in Zukunft solche Leistungen und Vergünstigungen gewähren wird. Durch die betriebliche Übung werden freiwillige Leistungen zu pflichtmäßigen. Die betriebliche Übung ist ein gewohnheitsrechtlich anerkanntes Rechtsinstitut. Ein solcher Rechtsanspruch kann sich beispielsweise beim Weihnachts- und Urlaubsgeld ergeben, aber auch bei Gratifikationen wie Jubiläumszuwendungen und Erfolgsprämien. Auch die Urlaubsregelungen können zur betrieblichen Übung werden, so dass ein Rechtsanspruch entsteht und damit feststeht, wie der Urlaub im Jahresverlauf geplant wird und wie man ihn anmelden muss. Vergleichbares gilt beispielsweise für Fahrtkostenzuschüsse und Pausenregelungen.

Eine betriebliche Übung ist immer dann gegeben, wenn eine Leistung ohne Vorbehalte gewährt wurde und wenn die Leistung mehrmals wiederholt wurde. Ein Rechtsanspruch beim Weihnachtsgeld ergibt sich bereits, wenn der Arbeitgeber es drei Mal ohne Vorbehalt ausbezahlt hat.

9.6   Prämien und Incentives

Incentives sind Geld- und Sachprämien, Veranstaltungen oder Reisen, die von Unternehmen eingesetzt werden, um Mitarbeiter stärker an das Unternehmen zu binden und zu motivieren. Das Wort *„Incentive"* könnte man im Deutschen mit „Anreiz" übersetzen.

Geldprämien werden meist erst im Nachhinein bezahlt und sollen den Mitarbeiter besonders belohnen. Geldprämien haben aber den Nachteil, dass sie von den Mitarbeitern eher als zusätzliches Entgelt empfunden werden und weniger im Zusammenhang mit prämiierten Leistungen stehen, da sie erst im Nachhinein vergütet werden.

Auch Statussymbole wie ein Dienstwagen oder ein bestimmte Positionsbezeichnung (Titel) können als Incentive aufgefasst werden.

Sachprämien haben indes den Vorteil, dass sie länger in Erinnerung bleiben und daher eine langfristige Motivationswirkung entfalten. Da jedoch in der Wohlstandsgesellschaft der Lebensstandard insbesondere bei Führungskräften relativ hoch ist, führen auch hochwertige Sachprämien häufig nicht zum gewünschten Erfolg.

Ein relativ neues Instrument sind Incentive-Reisen für Mitarbeiter, die häufig das Ziel verfolgen, den Mitarbeiter stärker an das Unternehmen zu binden, die Teamfähigkeit und die Motivation zu erhöhen. Verbreitet sind Incentive-Reisen häufig im Vertrieb, wo sie als Belohnung für sehr gute Verkaufszahlen und Vertriebserfolge gelten. Incentive-Reisen haben meist einen Veranstaltungscharakter und sollen den Teamgeist wecken und kundenorientiertes Verhalten fördern.

Daneben gibt es auch Incentive Events, die als Anreiz dienen sollen und in der Erlebnisgesellschaft von heute einen besonderen Ansporn darstellen. Incentive Events verfolgen oft Ziele wie die Erhöhung der Teamfähigkeit und die Stärkung des Gruppenzusammenhalts. In gewissem Sinne gleichen Incentive Events dem Outdoor-Training. Die Durchführung und konkrete Umsetzung orientieren sich an der jeweiligen Zielgruppe, dem Umfang der Veranstaltung und der Intention des Eventmarketing.

9.7   Longterm Incentives

Ein Longterm-Incentive-Plan (LTI-Plan) ist ein Konzept zur Schaffung permanenter Leistungsanreize für Führungskräfte. Dieses Modell wurde ursprünglich von *SAP* entwickelt und dient der Erfolgsbeteiligung über die Ausgabe von Aktienoptionen und Wandelschuldverschreibungen (*Convertible Bonds*) an Mitarbeiter. Ein Longterm Incentive ist Bestandteil der Vergütung von Mitarbeitern und Führungskräften. Dieser Ansatz beruht auf dem so genannten Prinzipal-Agenten-Modell. Der Prinzipal, ein anderes Wort für die Anteilseigner oder Aktionäre, strebt Gewinne aus einer unternehmerischen Beteiligung an. Die Führungskraft fungiert als Agent, gleichsam als Stellvertreter, und damit die Führungskraft den Interessen der Anteilseigner gerecht wird, ist es unabdingbar, Anreize zu bieten. Zu diesen Anreizen gehören neben dem Grundentgelt und Sonderzahlungen auch Erfolgsprämien und Longterm Incentives.

9.8   Der goldene Fallschirm
oder der goldene Handschlag

Da in den letzten Jahren Unternehmensübernahmen und Fusionen an der Tagesordnung waren, wächst für viele Führungskräfte die Gefahr, frühzeitig eine lukrative Position zu verlieren. Die meisten Fusionen und Unternehmenszusammenschlüsse führen mittelfristig zum Personalabbau und häufig zu Konflikten und Reibungsverlusten. Die oft propagierten Synergieeffekte sind in der Praxis selten nachweisbar, da der Zusammenprall unterschiedlicher Unternehmenskulturen nicht selten zu einer Verlangsamung der Abläufe und zu einem Gewinnrückgang führt.

Die Idee des goldenen Fallschirms (engl.: *golden parachute*) wurde noch zur Zeit der großen Unternehmensübernahmen entwickelt, als Raider (oder Raubritter) sich nicht scheuten, Unternehmen mit geliehenem Geld, das meist aus Junk Bonds stammte, zu übernehmen und anschließend zu zerschlagen oder zu filetieren. Der goldene Fallschirm soll den Führungskräften in solch einem Fall eine weiche Landung ermöglichen. Gelegentlich spricht man auch vom goldenen Handschlag.

Dabei wird in den Vertrag eine Klausel eingefügt, die bei einer Übernahme und dem Abbau der Stelle enorme Zahlungen in Form von Aktienoptionen, Sonderzuwendungen, Abfindungen und Boni vorsieht. Solche Verträge treiben eine Übernahme in beträchtliche Höhen, weshalb sie ironisch als „Giftpille" für den Raider bezeichnet werden.

Ein goldener Handschlag bezieht sich auf die vorzeitige Auflösung eines Arbeitsvertrages, wobei die Zustimmung zur Aufhebung des Vertrags durch Abfindungen oder andere Vergünstigungen erreicht werden soll. Eine Abfindung ermöglicht es Unternehmen, sich von Mitarbeitern, die eigentlich aufgrund des Kündigungsschutzes nur schwer zu entlassen sind, zu trennen ohne eine betriebsbedingte Kündigung aussprechen zu müssen. In diesem Kontext werden häufig externe Outplacement-Berater eingesetzt, um einen sozialverträglichen Personalabbau sicherzustellen.

10 Weitere betriebliche Sozialleistungen

Während in Kapitel 9 finanzielle Zuwendungen als Formen der betrieblichen Sozialleistung beschrieben sind, wird nun im Kapitel 10 auf Formen nicht finanzieller Zuwendung im Rahmen betrieblicher Sozialleistung eingegangen. Unterschiedliche Möglichkeiten dieser Zuwendung werden vorgestellt und erläutert.

Es gibt noch unzählige weitere, betriebliche Sozialleistungen wie Weiterbildungsmaßnahmen, die sogar ein Studium umfassen können, Firmenwagen, Handy, Laptop, und andere Vergünstigungen, die sowohl Statussymbole als auch Anreize für eine besondere Leistung sind.

10.1 Die betriebliche Gesundheitsförderung

Im Rahmen der betrieblichen Gesundheitsförderung haben größere Unternehmen Einrichtungen wie den werksärztlichen Dienst geschaffen. Ziel der betrieblichen Gesundheitsförderung ist es, Handlungsstrategien zu konzipieren und die Gesundheit der Mitarbeiter zu erhalten und zu verbessern. Ausgangspunkt der Überlegungen ist die Vorstellung von Salutogenese, d.h. nicht die Heilung von Krankheiten, sondern deren Vermeidung und die Erhaltung der Gesundheit stehen im Vordergrund. Der Präventionsgedanke wird dadurch zum Leitprinzip der betrieblichen Gesundheitsförderung. Weiterführend spielen auch die Ansätze eine wichtige Rolle, die die Vereinbarkeit von Familie, Privatleben und Beruf akzentuieren und unter dem Schlagwort „Work-Life-Balance" thematisiert werden.

Die betriebliche Gesundheitsförderung erstreckt sich auf alle Maßnahmen des Unternehmens zur Verbesserung von Gesundheit und Wohlbefinden am Arbeitsplatz.

Hierzu gehören

- eine Verbesserung der Arbeitsorganisation und der Arbeitsbedingungen,
- die Unterstützung der Mitarbeiterbeteiligung und
- die Förderung individueller Kompetenzen und Ressourcen, die der Erhaltung der Gesundheit dienen.

Basis für die aktuelle Ausrichtung der betrieblichen Gesundheitsförderung sind zwei Aspekte. Einerseits hat die EG-Rahmenrichtlinie Arbeitsschutz eine Neuorientierung des herkömmlichen Arbeitsschutzes eingeleitet. Andererseits wird das Unternehmen zum Gegenstand der öffentlichen Gesundheitsvorsorge (*Public Health*). Diesem innovativen Konzept zufolge sind gesunde und qualifizierte Mitarbeiter eine wesentliche Voraussetzung für den Erfolg des Unternehmens.

Die Gesundheitsförderung wird in den nächsten Jahren einen noch höheren Stellenwert erhalten, zumal viele Leistungskürzungen im staatlichen Gesundheitswesen zu einer Stärkung der privaten und betrieblichen Gesundheitsvorsorge führen werden.

Präventionsthemen werden in den Mittelpunkt rücken und auch in vergleichbaren Bereichen wie der Ergonomie und in der Unfallverhütung von großer Relevanz sein.

Die betriebliche Gesundheitsförderung ist zugleich ein betriebliches Steuerungs-, Integrations- und Führungsinstrument. Leitgedanke ist das Empowerment, d.h. die Befähigung des einzelnen Mitarbeiter, den Arbeitsplatzanforderungen nachzukommen. Hierzu gehören nicht nur die von Großunternehmen angebotene Suchtberatung und Suchtprävention, sondern auch die Prävention von Burn-out und anderen Belastungen, die am Arbeitsplatz entstehen können. Auch die Einrichtung eines Fitnessstudios oder von Ruhezonen im Unternehmen, wie sie bei manchen Internetunternehmen in den USA gang und gäbe sind, gehören zur Gesundheitsförderung. Personalpolitische Entscheidungen sind in diesem Zusammenhang ebenfalls relevant, da sie deutliche Auswirkungen auf die Kooperationsbereitschaft zwischen den Mitarbeitern, das Betriebsklima und die Motivation des Einzelnen haben. Betriebliches Gesundheitsmanagement ist ein ganzheitlicher, interdisziplinärer Ansatz der eine Vielzahl von Faktoren und Aspekten berücksichtigt.

10.2 Vielfliegerprogramme

Sehr lukrativ für Führungskräfte ist auch die Nutzung von Vielfliegerprogrammen, von denen das Programm „*Miles & More*" der *Lufthansa* das bekannteste ist. Es wurde im Januar 1993 ins Leben gerufen und hat viele Nachahmer gefunden wie etwa die polnische Luftfahrtgesellschaft *LOT*, die 2003 ein entsprechendes Programm startete, oder die *Austrian Airlines*.

Als Einheit dienen Flugmeilen, wobei zwischen Status- und Prämienmeilen differenziert wird. Während Statusmeilen nur für die Erreichung des Vielfliegerstatus relevant sind, können Prämienmeilen für Sachpreise oder Flugprämien eingesetzt werden. Diese Meilen verfallen nach drei Jahren, wenn sie ungenutzt bleiben. Für besondere Statuskunden wie Frequent Travellers, Senatoren und andere gilt diese Einschränkung nicht. Statusmeilen werden nur für gekaufte Flugtickets anerkannt; Prämienmeilen indes können auch über Hotel- oder Mietwagenbuchungen, bei Banken, Internetshops und Telekommunikationsunternehmen erworben werden. Auch Bonusprogramme wie *Payback* ermöglichen dies. Die Gutschrift von Meilen hängt von der jeweiligen Buchung ab; Kunden der Business Class erhalten mehr Meilen als Reisende in der Economy. Eine besondere Auszeichnung sind „HON Circle"-Meilen. Diese bringen den Vorteil mit sich, dass bei 600.000 gesammelten HON-Meilen in zwei Jahren dem Vielflieger der HON-Status verliehen wird, dem höchsten Status bei Lufthansa. Bei den Flugprämien handelt es sich um keine echten Freiflüge, da die normalen Steuern und Gebühren anfallen. Mit den angesparten Flugmeilen ist es möglich, Reisen oder einen Mietwagen zu bezahlen. Außerdem können die angesammelten Flugmeilen für einen guten Zweck gespendet werden. Die Mitglieder der Vielfliegerprogramme erhalten entsprechende Karten. Frequent Travellers mit mindestens 35.000 Meilen bekommen eine silberne Karte; Senatoren, die mindestens 130.000 Statusmeilen vorweisen müssen, haben eine goldene Karte, und HONs, die 600.000 Statusmeilen haben müssen, bekommen eine schwarze Karte.

Weitere Vorteile des Vielfliegerstatus sind der kostenlose Lounge-Zugang, der auch für die Lounges der Deutschen Bahn gilt, eine Vorzugsbehandlung beim Check-in und eine Priorität auf der Warteliste.

10.3   Der Dienstwagen (Firmenwagen)

Zu den gängigsten und populärsten Sozialleistungen gehört der Firmen- oder
Dienstwagen. Einen Dienstwagen bekommen Mitarbeiter vom Arbeitgeber,
wenn sie beruflich sehr häufig Termine außerhalb des Betriebes wahrneh-
men müssen oder Mitglied der Geschäftsführung (Vorstand oder Geschäftsführer) oder der mittleren Führungsebene sind. Wegen seiner oftmals repräsentativen Funktion zählt der Dienstwagen zu den begehrten Statussymbolen
und kann als besondere Auszeichnung einer Führungskraft verstanden werden.

Vertraglich wird fast immer vereinbart, dass der Dienstwagen bei einer Freistellung oder Kündigung und beim Ausscheiden an das Unternehmen zu-
rückzugeben ist. Wenn Sachschäden am Dienstwagen auftreten, kann der
Mitarbeiter nach den Grundsätzen der Arbeitnehmerhaftung zum Kostener-
satz verpflichtet sein. Schäden, die nicht auf sein Verschulden zurückzuführen sind, gehen zu Lasten des Unternehmens.

Generell wird der Dienstwagen nur für Fahrten verwendet, die vom Unternehmen veranlasst sind. Er darf auch für private Fahrten und für die Fahrten
zwischen Wohnung und Arbeitsplatz eingesetzt werden.

Die private Nutzung eines Dienstwagens stellt einen geldwerten Vorteil dar,
der versteuert werden muss.

Komplexe Ansätze, die die Nutzung einheitlich regeln, sind Teil einer abge-
stimmten Unternehmens- und Personalpolitik. Man spricht in diesem Zusammenhang von einer Fuhrparkpolitik oder Car Policy. Fahrzeuge im Unternehmen sind nicht nur zur Verbesserung der Mobilität einzusetzen, sondern als Teil eines integrativen Motivationsmodells. In den letzten Jahren
zeichnet sich ein Trend ab, auch Mitarbeitern aus den unteren Führungsebenen eine Dienstwagenberechtigung zu erteilen. Neben dem Motivationsge-
danken kommen auch andere Aspekte wie das Freizeitverhalten, die Steuerbelastung, persönliche Präferenzen und Lebensumstände hinzu. Die Zahl der
Dienstwagen hat in den letzten Jahren kontinuierlich zugenommen.

11 Die Arbeitszeitflexibilisierung und Entgeltsysteme

Das folgende Kapitel beschreibt die Möglichkeiten, mit Arbeitszeitregelungen Anreize oder Vorteile für einzelne Mitarbeiter eines Unternehmens zu schaffen. Anhand unterschiedlicher Arbeitszeitmodelle werden der Stellenwert und die Möglichkeiten dieses Anreizsystems vorgestellt.

Daneben gibt es noch eine Reihe andere Leistungen, die den Mitarbeitern zugute kommen. Hierzu zählt beispielsweise die Arbeitszeitflexibilisierung.

11.1 Das Arbeitszeitmodell

Das Arbeitszeitmodell ist vor allem in der Produktion unerlässlich, um einen reibungslosen Ablauf zu gewährleisten. Doch auch im Rahmen der Arbeitszeitflexibilisierung gewinnen Arbeitszeitmodelle an Bedeutung.

Die Dauer der täglichen Arbeitszeit und die gleichmäßige oder ungleichmäßige Verteilung auf die Wochentage werden in einem solchen komplexen Modell festgelegt. Möglich ist somit auch ein unregelmäßiges Arbeitszeitmodell, bei dem die zu leistende Arbeitszeit nicht innerhalb einer Woche, sondern im Durchschnitt eines definierten Zeitraumes erreicht wird. Der Betriebsrat hat bei allen Fragen der Arbeitszeitgestaltung ein Mitbestimmungsrecht.

Mit einem Arbeitszeitkonto wird die tatsächlich geleistete Arbeit (einschließlich Urlaub, Krankheit, Überstunden) festgehalten und erfasst und mit der arbeitsvertraglich oder tarifvertraglich zu leistenden Arbeitszeit verrechnet.

Wenn der Mitarbeiter mehr gearbeitet hat als vertraglich vorgesehen, entsteht auf dem Arbeitszeitkonto ein Guthaben. Arbeitszeitkonten werden vor allem dann geführt, wenn die Arbeitszeiten unregelmäßig sind, wie es etwa bei der Schichtarbeit der Fall ist, oder bei Gleitzeit.

Bei Gleitzeitmodellen gibt es eine definierte Kernarbeitszeit oder Kernzeit, in der für die Mitarbeiter Anwesenheitspflicht besteht. Dies ist vor allem bei Kundenkontakt unerlässlich, wenn man einen qualitativ hochwertigen Service garantieren möchte. Die Kernarbeitszeit ist geringer als die vertraglich vereinbarte Arbeitszeit, damit die Mitarbeiter einen zu nutzenden Zeitpuffer erhalten. In der Regel wird die Kernarbeitszeit von 9.00 Uhr bis 15.00 Uhr anberaumt, was jedoch von der Branche und den Anforderungen des Unternehmens abhängt.

Ein anderes Modell ist die flexible Arbeitszeit, bei der es keine Kernarbeitszeiten gibt. Statt dessen werden Servicezeiten definiert, in denen ein gewisses Niveau an Servicequalität geboten werden muss. Die Anwesenheit aller Mitarbeiter ist nicht erforderlich, doch ein vorgegebener Servicelevel darf nie unterschritten werden. Dies ist vor allem für Dienstleistungsunternehmen von großer Bedeutung.

Bei diesen beiden Arbeitszeitmodellen ist der Mitarbeiter gehalten, für einen Ausgleich des Arbeitszeitkontos zu sorgen, d.h. das Konto sollte nach einem definierten Zeitraum – meist einem Monat oder einem Jahr – wieder auf Null stehen.

Andere innovative Arbeitszeitmodelle, die einen langfristigen Zeithorizont haben, ermöglichen es auch, Arbeitszeiten zu kumulieren. Bei diesen Modellen handelt es sich um das Langzeitkonto oder das Lebensarbeitszeitkonto.

11.1.1   Die Gleitzeit

Gleitzeit ist eine in gewissen Grenzen frei bestimmbare Arbeitszeit. Eine Gleitzeitregelung wird häufig zwischen der Unternehmensführung und dem Betriebsrat durch Betriebsvereinbarung geregelt. Dabei wird meist eine Kernzeit festgelegt, bei der alle Mitarbeiter anwesend sein müssen. Die Arbeitszeiten vor und nach der Kernzeit können vom Mitarbeiter individuell festgelegt werden, doch muss er insgesamt die vereinbarte Wochenarbeitszeit erreichen. In den meisten Fällen wird angesparte Gleitzeit nicht mit Geld vergütet, sondern muss als Freizeit genommen werden.

Seit einigen Jahren wird das Gleitzeitkonzept immer mehr ausgeweitet zu Jahresarbeitszeitkonten, die insbesondere in neueren Tarifverträgen verankert wurden.

In Dienstleistungsunternehmen kommen immer mehr Lebensarbeitszeitkonten vor.

11.1.2   Das Sabbatical

Das Sabbatjahr oder das Sabbatical findet immer Verbreitung. Dabei können die Mitarbeiter sich aufgrund eines Guthabens auf ihrem Zeitwertkonto für meist ein Jahr bezahlt freistellen lassen.

In der freien Wirtschaft findet das Modell zwar Anklang, hat sich aber kaum durchgesetzt. Führungskräfte befürchten häufig, dass eine Rückkehr an den Arbeitsplatz mit erheblichen Problemen und Karriereeinbußen verbunden ist. Aus diesem Grunde ist das in Medien viel beachtete Thema Sabbatjahr in den meisten Unternehmen kein Projekt. Im öffentlichen Dienst hingegen ist es gängiger. So können Professoren sich ein Forschungssemester nehmen, um sich ganz ihrem Forschungsschwerpunkt zu widmen.

Das Sabbatical kann für viele Zwecke genutzt werden – beispielsweise um eine Fort- oder Weiterbildung zu absolvieren oder in einem sozialen Projekt zu arbeiten. Das Sabbatjahr soll auch helfen, einen Burn-out zu vermeiden. Wichtig ist es in der Praxis, dass genaue Regelungen und Betriebsvereinbarungen bestehen, zu welchem Zeitpunkt ein Mitarbeiter ein Sabbatical nehmen kann und wie Krankheitstage während dieser Phase behandelt werden. Die Wiedereinarbeitung sollten bereits im Vorhinein organisiert und eingeplant werden.

Bereits verbreitet und akzeptiert sind Sabbaticals in Dänemark, Finnland und in den Niederlanden. In Dänemark wird das Sabbatical staatlich gefördert; die freien Stellen können vorübergehend mit Langzeitarbeitslosen

besetzt werden. In Deutschland stößt die Einführung von Sabbaticals noch
auf Zurückhaltung; nur im öffentlichen Dienst konnte sich das Modell
durchsetzen.

11.1.3   Die modulare Arbeitszeit

Eine spezielle Form eines Arbeitszeitmodells ist die modulare Arbeitszeit,
bei der die Arbeitszeit unter den Mitarbeitern eigenständig geregelt wird. Die
modulare Arbeitszeit wird vor allem bei Teilzeitbeschäftigten angewandt
und ist auch unter dem Prinzip „Job Sharing" bekannt. Das Modell der mo-
dularen Arbeitszeit kann mit Hilfe von Voll- und Teilzeitarbeit umgesetzt
werden. Teilzeitarbeiter können mit diesem Modell relativ problemlos in den
Arbeitsplan eingebaut werden. Um dieses Modell überhaupt verwirklichen
zu können, ist es unabdingbar, den Personalbedarf sorgfältig zu ermitteln
und die sich daraus ergebende Mitarbeiterzahl zu kennen.

11.1.4   Die Vertrauensarbeitszeit

Die Vertrauensarbeitszeit (die auch Vertrauensgleitzeit, Vertrauensarbeit
oder Vertrauenszeit genannt wird) ist ein Ansatz der Arbeitsorganisation,
bei dem der Mitarbeiter die Verantwortung für die Nutzung und Erfassung
der Arbeitszeit trägt. Die Verantwortung zur Einhaltung der gesetzlichen
und tariflichen Arbeitszeitregelungen bleibt weiterhin beim Arbeitgeber.

Durch die Vertrauensarbeit erhält der Mitarbeiter ein hohes Maß an Flexibilität und Eigenverantwortung; denn häufig wird bei diesem Konzept kein
Arbeitszeitkonto angelegt, so dass auch keine Arbeitsstunden angespart werden können. Häufig wird die Vertrauensarbeitszeit mit Management by Objectives kombiniert. Die Mitarbeiter sollen dabei die vereinbarten Ziele
selbstständig und eigenverantwortlich erreichen. Auch das Modell *Management by Exception*, bei dem nur interveniert wird, wenn der Mitarbeiter mit
den gestellten Aufgaben und Anforderungen nicht zurecht kommt, findet bei
der Vertrauensarbeitszeit Anwendung.

Der Ansatz der Vertrauensarbeitszeit setzt eine enorm hohe Zuverlässigkeit
der Mitarbeiter und Zielstrebigkeit voraus. Unternehmerisches Denken muss

ebenso vorhanden sein wie Eigenverantwortlichkeit und die Fähigkeit der Mitarbeiter zum Selbstmanagement.

Dieses Modell ist in Deutschland wenig verbreitet; die Gründe dafür sind vielfältig. Einerseits ist das Vertrauen in die Mitarbeiter nicht so hoch, dass man ihnen so viel Eigenverantwortung zubilligt; andererseits erfordern manche Prozesse und Abläufe im Unternehmen eine kontinuierliche Präsenz. Darüber hinaus ergeben sich Probleme aus dem Arbeitszeitgesetz, das Mitarbeiter vor zu großer Belastung und einer Überschreitung der Wochenarbeitszeit schützen soll. Für Führungskräfte indes ist das Modell der Vertrauensarbeitszeit interessant, und auch in vielen Software- und Internetunternehmen in den USA wird es bereits mit großem Erfolg praktiziert.

Vertrauensarbeit ist ergebnisorientiert und damit effizient. Insbesondere im Bereich des Teleworking und in den Sektoren Softwareengineering, Telekommunikation und Multimedia-Design wird die Vertrauensarbeitszeit in Zukunft große Bedeutung gewinnen.

11.1.5   Das Zeitwertkonto

Das Zeitwertkonto ist ein wichtiges Instrument für ein Arbeitszeitmodell, bei dem die Mitarbeiter Entgelt oder Arbeitszeit in das Konto einbringen können, um vorzeitig in den Ruhestand zu gehen oder eine vorübergehende Freistellung in Form zusätzlichen Urlaubs oder eines Sabbatjahrs („Sabbatical") zu erlangen.

Durch das Gesetz zur sozialrechtlichen Absicherung flexibler Arbeitszeitregelungen ("Flexigesetz") wurden die sozialversicherungsrechtlichen Rahmenbedingungen geschaffen, so dass Zeitwertkonten zunehmend verbreitet sind.

Der Überbegriff Arbeitszeitkonten wird sowohl für die langfristig angelegten Zeitwertkonten als auch für die Gleitzeitkonten verwendet, bei denen ein Ausgleich innerhalb einer Monats- oder Jahresfrist vorgesehen ist. Daneben unterscheidet man noch die so genannten Flexikonten, die einen Zeithorizont von mehreren Jahren haben, aber nur auf eine kurzfristige Freistellung in Form zusätzlicher Urlaubstage ausgerichtet sind. Die eigentlichen Zweit-

wertkonten sind Langzeitkonten, mit deren Hilfe es möglich ist, so viele
Arbeitsstunden anzusparen, dass eine längerfristige bezahlte Freistellung
realisiert werden kann. In diesem Zusammenhang spricht man auch von
Lebensarbeitszeitkonten.

Die Zeitwertkonten werden im Unternehmen über eine Betriebsvereinbarung
etabliert. Der Mitarbeiter kann Arbeitsstunden oder Arbeitsentgelt in das
Zeitwertkonto einbringen. Dies können beispielsweise Überstundenvergü-
tungen, Urlaubs- oder Weihnachtsgeld oder laufende Zahlungen aus dem
Grundentgelt sein.
Das Wertguthaben des Zeitwertkontos kann einheitlich in Zeit- oder
Geldeinheiten geführt werden. Schwierigkeiten bereitet hier in der Praxis die
Umrechnung von einer Einheit in die andere.

Erfolgt die Berechnung in Stunden, ist die imaginäre „Verzinsung" mit den
Gehaltserhöhungen gleichzusetzen. In der Regel könnte man eine höhere
Verzinsung erzielen, wenn das Zeitwertkonto in Geldeinheiten geführt und
die Summe am Kapitalmarkt angelegt würde; es sei denn, die zu erwartenden Gehaltserhöhungen sind weit überdurchschnittlich, was bei Führungskräften der Fall sein dürfte.
Problematisch wird es, wenn der Ausgleich durch eine bezahlte Freistellung
nicht möglich ist – beispielsweise wenn der Mitarbeiter aus dem Unternehmen ausscheidet.
Häufig ist die Einbringung von Stunden oder Entgelt durch Rahmenverein-
barungen oder Tarifverträge eingeschränkt. Auch das Unternehmen hat die
Möglichkeit, nur Überstunden auf dem Zeitwertkonto gutzuschreiben. In
manchen Unternehmen werden auch Gleitzeitstunden ab einer gewissen
Höhe automatisch auf dem Zeitwertkonto verbucht.

Die bezahlte Freistellung, die das Zeitwertkonto ermöglicht, kann unterschiedlich genutzt werden. Beispielsweise ist es denkbar, sich ein Sabbatjahr
(„Sabbatical") freizunehmen, um eine Weltreise zu machen. Die meisten
Führungs- und Fachkräfte stehen solchen Vorhaben jedoch meist skeptisch
gegenüber, da ein so langes Fernbleiben vom Unternehmen meist die Karrie-
rechancen erheblich beeinträchtigt, wie längere Auslandseinsätze deutlich
zeigen. Eine längere Abwesenheit führt sehr schnell dazu, dass verdiente
Mitarbeiter vergessen werden und ins Abseits geraten. Natürlich kann die

Freistellung auch für eine Verlängerung der Elternzeiten eingesetzt werden oder für den vorgezogenen Ruhestand, was sich bei Führungskräften eher empfiehlt.

Zudem ist es natürlich möglich, das Zeitwertkonto für eine Verringerung der Wochenarbeitszeit einzusetzen.

In der Betriebsvereinbarung sollte auf jeden Fall geregelt sein, wie die Freistellung erfolgt und wer darüber entscheidet; denn unter Umständen kann ein Arbeitgeber auch vorsehen, dass bei einer mangelnden Kapazitätsauslastung des Unternehmens die Freistellung angeordnet wird.

Eine weitere Variante des Zeitwertkontos ist eine Freistellung auf Kredit, d.h. das vorhandene Zeitwertkonto kann auch überzogen werden – beispielsweise um eine Fort- oder Weiterbildung zu besuchen oder ein Studium zu absolvieren. Anschließend muss jedoch das Konto vom Mitarbeiter wieder ausgeglichen werden.

Probleme ergeben sich beim Zeitwertkonto immer dann, wenn das Guthaben nicht rechtzeitig genutzt werden kann. Dies ist der Fall, wenn der Mitarbeiter vorzeitig aus dem Unternehmen ausscheidet, früher pensioniert wird, stirbt oder invalide wird.

Bei einem Ausscheiden aus dem Unternehmen gibt es im Prinzip drei Optionen: Das vorhandene Guthaben wird ausgezahlt oder in eine betriebliche Altersversorgung eingebracht. Denkbar ist auch, das Guthaben an den neuen Arbeitgeber zu übertragen, was jedoch aufgrund der Heterogenität und Inkompatibilität der Zeitwertkonten selten realisierbar ist. Die einfachste und praktikabelste Lösung ist die Umwandlung in die betriebliche Altersversorgung. Dies muss allerdings in der Betriebs- oder Rahmenvereinbarung vorgesehen sein.

Der Arbeitgeber ist verpflichtet, das Wertguthaben gegen Insolvenz abzusichern, sofern nicht ein Anspruch auf Insolvenzgeld besteht. Der Arbeitgeber muss den Mitarbeiter über die Insolvenzabsicherung informieren, die über ein Treuhandmodell erfolgen kann. Dabei hinterlegt der Arbeitgeber bei einem Treuhänder Sicherheiten wie beispielsweise Wertpapiere, die nur dann zurückgegeben werden, wenn das Unternehmen seinen Verpflichtungen vollständig nachkommt. Ein solches Verfahren wird international als

„*Contractual Trust Arrangement*" bezeichnet. Alternativ werden in der Praxis auch Formen der Verpfändung von Unternehmenseigentum oder Bürgschaften eingesetzt, was aber weniger verbreitet ist. Auch Versicherungen sind ein Lösungsmodell. Anders als bei der Altersteilzeit tragen die Verantwortung für die Insolvenzsicherung von Zeitwertkonten sowohl der Arbeitgeber als auch der Arbeitnehmer. Es ist daher empfehlenswert, dass sich Mitarbeiter über die Insolvenzsicherung ihrer Zeitwertkonten rechtzeitig informieren, da die Informationspflicht des Arbeitgeber nicht näher konkretisiert wurde. Bei der Altersteilzeit hingegen ist das Unternehmen verpflichtet, den Berechtigten alle sechs Monate über die Insolvenzsicherung zu unterrichten.

Auch in der Freistellungsphase liegt eine sozialversicherungsrechtliche Beschäftigung vor. Der Arbeitgeber hat bei der Führung des Zeitwertkontos besondere Aufzeichnungspflichten, wenn die Summe mehr als 250 Stunden übersteigt. Um die Beiträge zur Sozialversicherung zu berechnen, muss das Unternehmen eine akribische Aufzeichnung vornehmen. Bei Wertguthaben unter 250 Stunden wird die Summe wie eine Einmalzahlung behandelt, um Beiträge zu berechnen. Steuerlich gilt das Zuflussprinzip, d.h. nur die Bezüge, die ausgezahlt wurden, unterliegen der Lohnsteuer.

Bei der Bilanzierung von Zeitwertkonten ist zu beachten, dass es sich um Verbindlichkeiten handelt, die in ihrer Höhe und in dem Zeitpunkt der Fälligkeit ungewiss sind. Da die zugrunde liegende Verpflichtung keinen Zinsanteil enthält, darf die Rückstellung nicht abgezinst werden. Anders verhält es sich, wenn eine Mindestverzinsung des Wertguthabens vereinbart worden ist. Wird dem Mitarbeiter beispielsweise eine Garantie in Höhe der eingebrachten Beträge zugesichert, so enthält dieser Betrag bereits den Zinsanteil für Zukunft. In diesem Fall ist die Abzinsung vorgeschrieben.

---

12   Betriebliche Altersversorgung

Das Kapitel 12 beschreibt die betriebliche Altersvorsorge als besondere Komponente im Entgeltsystem, die als Teil der betrieblichen Sozialleistungen ein Anreizsystem für die Mitarbeiter darstellt. Unterschiedliche Ansätze und Ausgestaltungsformen werden jeweils beschrieben, um ein Verständnis der Nutzungsmöglichkeiten für Arbeitgeber und Arbeitnehmer zu vermitteln.

Eine immer wichtigere Rolle spiegelt angesichts des sinkenden Rentenniveaus in der gesetzlichen Rentenversicherung die betriebliche Altersversorgung. In anderen Ländern wie in den Niederlanden stellt sie bereits eine gleichwertige Säule in der Altersvorsorge dar, während sie in Deutschland erst in den letzten Jahren eine deutliche Aufwertung erfahren hat. Hierzulande beziehen Rentner einen Großteil ihres Einkommens nach wie vor aus der gesetzlichen Rentenversicherung.

Unter betrieblicher Altersversorgung versteht man die Zusage von Versorgungsleistungen, wenn der Mitarbeiter in den Ruhestand geht, invalide wird oder stirbt. Für den Arbeitgeber ist dies die Chance, Mitarbeiter an das Unternehmen zu binden und zu motivieren. Zudem spart der Arbeitgeber bei der betrieblichen Altersversorgung oftmals Lohnnebenkosten. Die betriebliche Altersvorsorge wird vom Betriebsrentengesetz bestimmt, das beispielsweise den Insolvenzschutz, die Vorgehensweise bei der Entgeltumwandlung und die Unverfallbarkeit von Betriebsrenten regelt.

Die betriebliche Altersvorsorge gehört zu den betrieblichen Sozialleistungen und dient dazu, den Lebensabend der Mitarbeiter zu sichern. Neben der fest etablierten gesetzlichen Rente gewinnt die betriebliche Altersvorsorge erheblich an Bedeutung.

Man unterscheidet zwischen folgenden Ansätzen:

- Nominalbeitragssysteme
- entgeltabhängige Systeme
- Gesamtversorgungssysteme
- beitragsorientierte Systeme Beitragssysteme

Nominalbeitragssysteme gewähren feststehende Renten oder Einmalzahlungen an die Mitarbeiter. Bei entgeltabhängigen Leistungssystemen wird die Höhe der Einzahlung, die der Arbeitgeber leistet, vom Gehalt des Mitarbeiters abhängig gemacht. Die Höhe der späteren Betriebsrente richtet sich demnach nach der Höhe des Grundentgelts und der Dauer der Betriebszugehörigkeit.

Die Höhe der späteren Betriebsrente wird bei Gesamtversorgungssystemen je nach den vorgegebenen Konditionen in Prozent vom letzten Nettoeinkommen festgelegt. Messlatte ist ein Gesamtversorgungsniveau, bei dem die gesetzliche Rente berücksichtigt wird. Die betriebliche Rente dient gleichsam zur Aufstockung der gesetzlichen Rente bis zu einem angestrebten Gesamtversorgungsniveau. Bei den beitragsorientierten Systemen zahlt das Unternehmen regelmäßig Beiträge in die betriebliche Altersvorsorge ein; daraus wird eine laufende Rente berechnet, die beim Ausscheiden aus dem Erwerbsleben ausgeschüttet wird. Beitragssysteme funktionieren ähnlich, jedoch hängt bei diesen die Höhe der Betriebsrente von den erwirtschafteten Erträgen ab.

12.1   Der Durchführungsweg

Im Betriebsrentengesetz wird die konkrete Umsetzung der betrieblichen Altersversorgung mit dem Fachbegriff „Durchführungsweg" bezeichnet. Es gibt verschiedene Durchführungswege, zwischen denen der Arbeitgeber im Prinzip wählen kann. Er hat grundsätzlich die Wahl zwischen einer Pensionskasse oder einem Pensionsfonds. Entscheidet sich der Arbeitgeber für keinen dieser beiden Durchführungswege, dann muss er zwingend eine Direktversicherung anbieten. Der Mitarbeiter hat darauf einen Rechtsanspruch. Darüber hinaus muss der Arbeitgeber bei allen drei Durchführungswegen dafür sorgen, dass die konkrete Ausgestaltung die Kriterien für eine Riester-Förderung erfüllt, so dass der Arbeitnehmer zusätzlich die staatliche Riester-Förderung in Anspruch nehmen kann. Der Gesetzgeber sieht auch vor, dass während der Elternzeit die Entgeltumwandlung durch eigene Beiträge erfolgen kann, auch wenn der Mitarbeiter während der Elternzeit kein Gehalt bezieht.

Ein weiterer wichtiger Punkt ist die Unverfallbarkeit, die im Betriebsrentengesetz neu geregelt wurde. Die Anwartschaft auf eine betriebliche Altersversorgung ist sofort unverfallbar, wenn sie durch eine Entgeltumwandlung zustande kam. Das bedeutet: Auch wenn der Mitarbeiter schon nach wenigen Monaten das Unternehmen verlässt, bleibt der Anspruch auf die bereits erworbene Altersversorgung bestehen und erlischt nicht. Diese Neuerung im Gesetz stellt einen entscheidenden Fortschritt dar, denn früher konnte der Anspruch auf eine betriebliche Altersversorgung an eine bestimmte Dauer der Betriebszugehörigkeit geknüpft werden. Nach dem Betriebsrentengesetz ist dies nicht mehr möglich – jede Entgeltumwandlung führt zur Unverfallbarkeit des Anspruchs. Einzige Ausnahme sind Anwartschaften auf betriebliche Altersversorgung, die vor dem 1. Januar 2001 entstanden sind.

12.2   Das Betriebsrentengesetz

Noch in den sechziger Jahren gab es für die betriebliche Altersversorgung keine gesetzliche Regelung. Betriebsrenten wurden individuell in den Arbeitsverträgen nach dem Prinzip der Vertragsfreiheit vereinbart. Daher waren auch die Fragen des Insolvenzschutzes und der Fristen für die Unverfallbarkeit von Betriebsrenten nicht geregelt, was zu enormer Unsicherheit führte. Erst im Jahr 1972 befasste sich das Bundesarbeitsgericht mit der Frage, wann Anwartschaften entstehen und erlöschen. Das Gericht hatte die Frage zu entscheiden, ob eine Betriebsrente auch dann auszuzahlen ist, wenn jemand vor dem eigentlichen Rentenalter aus dem Betrieb ausscheidet. Der Gesetzgeber erkannte, dass Regelungsbedarf bestand und verabschiedete das Betriebsrentengesetz.

12.3   Die Entgeltumwandlung

Die Mitarbeiter können einen Teil ihres Entgelts für die betriebliche Altersvorsorge einsetzen. Die Beträge werden direkt vom Bruttolohn einbehalten, wodurch das Einkommen des Mitarbeiters sinkt und weniger Steuern und

Sozialabgaben anfallen können. Diesen Vorgang nennt man Entgeltumwandlung. Der Mitarbeiter verzichtet auf einen Teil seines Entgelts, um dafür eine
Zusage für die betriebliche Altersvorsorge zu erhalten. Die rückwirkende
Entgeltumwandlung ist nicht möglich. Diese vom Arbeitnehmer finanzierte
betriebliche Altersversorgung wird im Englischen als *Deferred Compensa-
tion* bezeichnet.

Nach dem Betriebsrentengesetz können Arbeitnehmer bis zu 4 % der
Beitragsbemessungsgrenze in der gesetzlichen Rentenversicherung als
Entgelt umwandeln. Wenn die sozialversicherungspflichtigen Einnahmen
die Beitragsbemessungsgrenze überschreiten, werden nur Beiträge bis zur
Beitragsbemessungsgrenze erhoben, wobei die Bemessungsgrenzen von
gesetzlicher Krankenversicherung und Rentenversicherung unterschiedlich
hoch sind.

Für Führungskräfte hat dies den entscheidenden Vorteil, dass sie weniger in
die gesetzlichen Sozialversicherungen einzahlen müssen, da ihr Gehalt häufig weit über der Beitragsbemessungsgrenze liegt; darüber hinaus haben sie
die Option, sich privat krankenversichern und sich von der gesetzlichen Rentenversicherung befreien zu lassen. Die Höhe der Beitragsbemessungsgrenze
wird jährlich neu von der Bundesregierung durch eine Rechtsverordnung
festgelegt. Die Anpassung richtet sich nach der Steigerung der durchschnittlichen Bruttolohn- und -gehaltssumme im Vergleich zu vorherigen Jahren.
Die Entgeltumwandlung kann durch einen Tarifvertrag eingeschränkt werden, da dieser Vorrang vor einer individuellen Regelung der betrieblichen
Altersvorsorge hat.

12.4   Betriebliche Altersversorgung in der Praxis

Es gibt mehrere Möglichkeiten, die betriebliche Altersversorgung in der
Praxis durchzuführen. Diese Durchführungswege sind genau vorgegeben.
Die Direktzusage kommt unmittelbar vom Arbeitgeber und wird durch die
Bildung von Pensionsrückstellungen in der Bilanz gesichert. Der Arbeitgeber gewährt seinen Mitarbeitern direkt eine Betriebsrente. Die Unterstützungskasse ist eine eher freiwillige Einrichtung, bei der kein Rechtsanspruch
besteht. Daher wird sie auch nicht umfassend steuerlich gefördert. Die Pen-

sionskasse ist mit einem Rechtsanspruch versehen und gewährt eine wertgleiche Gegenleistung. Auch der Pensionsfonds ist mit einem Rechtsanspruch ausgestattet. Am bekanntesten ist wohl die Direktversicherung, die viele Gemeinsamkeiten mit dem Pensionsfonds aufweist und früher vor allem über kapitalbildende Lebensversicherungen realisiert wurde.

Die Unterstützungskasse, die Pensionskasse, der Pensionsfonds und die Direktversicherung werden unter dem Begriff „mittelbare Durchführungswege" zusammengefasst, da die Durchführung dieser Formen der betrieblichen Altersversorgung durch ein rechtlich selbstständiges Unternehmen (wie beispielsweise eine Versicherungsgesellschaft) erfolgt.

Die Entscheidung für einen bestimmten Durchführungsweg hängt von einer Vielzahl von Faktoren ab. Bei der Bildung von Pensionsrückstellungen, wie sie bei der Direktzusage vorkommen, beeinflussen die Rechnungslegungsstandards der HGB-Bilanzierung und der IFRS die Umsetzung. Das Vorhandensein von Tarifverträgen, die die Entgeltumwandlung ausschließen können, spielt ebenso eine Rolle wie die Kostensituation im Unternehmen, die steuerlichen Rahmenbedingungen und die Unternehmensstrategie. Der Arbeitgeber fungiert als Treuhänder und muss daher die Interessen und Belange der Arbeitnehmer stets beachten. Bei jeder Entgeltumwandlung muss eine wertgleiche Leistung zugesichert werden.

12.4.1   Direktzusage

In der betrieblichen Altersversorgung kommt der Direktzusage (unmittelbare Versorgungszusage) eine primäre Bedeutung zu, denn sie ist eine der häufigsten Formen. Die Direktzusage wird vom Arbeitgeber in Eigenregie organisiert und wird als unternehmenseigenes Versorgungswerk realisiert. Für das Unternehmen bedeutet dies stets ein nicht unbeträchtliches Risiko, da der Arbeitgeber alle Risiken trägt und auch das Kapitalanlagerisiko in Kauf nehmen muss. Die Leistungen werden bei diesem Durchführungsweg vollständig vom Arbeitgeber erbracht, d.h. das Unternehmen zahlt später die Betriebsrente aus. Zu diesem Zweck muss der Arbeitnehmer Pensionsrückstellungen in der Bilanz vornehmen, die wie Fremdkapital behandelt werden und steuerliche Vorteile mit sich bringen.

12.4.2   Die Direktversicherung

Die Direktversicherung war früher eine der verbreitetsten Formen der betrieblichen Altersvorsorge, da sie sich leicht über eine private Lebensversicherung realisieren lässt. Der Arbeitgeber fungiert als Versicherungsnehmer
und entrichtet die Beiträge. Die Versicherung wird auf das Leben des Mitarbeiters abgeschlossen. Der Mitarbeiter oder im Todesfall die Angehörigen
haben ein unmittelbares Bezugsrecht. Darüber hinaus kann an eine Direktversicherung auch eine Unfallzusatz- oder Berufsunfähigkeitsversicherung
gekoppelt sein.

Der Vorteil von Direktversicherungen besteht darin, dass die Lohnsteuer für
Beiträge mit einem Pauschalsteuersatz von 20 % als abgegolten gilt, wenn
die Beiträge für eine betriebliche Altersversorgung gezahlt wurden, die vor
2005 bewilligt wurde. Insbesondere für Führungskräfte hat dies Vorteile, da
bei ihnen der Grenzsteuersatz meist erheblich höher liegt und sich dadurch
zusätzliche Steuervorteile ergeben. Die Sozialversicherungspflicht entfällt
für die gezahlten Beiträge, wenn diese aus einer Sonderzahlung wie beispielsweise dem Urlaubs- oder Weihnachtsgeld entnommen wurden. Wenn
die Rente aus der Direktversicherung im Ruhestand ausbezahlt wird, müssen
die Renten besteuert werden. Seit Januar 2004 unterliegen die Betriebsrenten
der Beitragspflicht in der gesetzlichen Kranken- und Pflegeversicherung; nur
privat Krankenversicherte müssen keine Beiträge auf die Betriebsrente zahlen.

Jedes Unternehmen ist verpflichtet, den Beschäftigten eine betriebliche
Altersversorgung anzubieten. Der Arbeitgeber kann indes selbst entscheiden, welchen Durchführungsweg und welchen Anbieter er wählt. Vor allem für Klein- und mittelständische Unternehmen kommt die Direktversicherung in Frage, da sie relativ unbürokratisch und ohne größeren Aufwand umzusetzen und zu realisieren ist.

Gelegentlich kann der Mitarbeiter das Versicherungsunternehmen frei heraussuchen, aber in den meisten Fällen werden Gruppenversicherungs-
verträge bevorzugt, da diese mehr Vorteile bieten. Insbesondere größere
Unternehmen und Konzerne haben gegenüber den Versicherungen mehr
Möglichkeiten, Sonderkonditionen auszuhandeln.

Anders als bei einer herkömmlichen Kapitallebensversicherung sind Direkt-versicherungen nicht kündbar. Schwierigkeiten bereitet dies vor allem bei einem Arbeitgeberwechsel. In einem solchen Fall gibt es vier Optionen:

- Der neue Arbeitgeber führt den bestehenden Versicherungsvertrag weiter, was sicherlich die einfachste Lösung darstellt.
- Wenn dies nicht möglich ist, kann der neue Arbeitgeber das De-ckungskapital auf einen neuen Vertrag eines anderen Versicherungs-unternehmens transferieren lassen.
- Des Weiteren besteht die Option, dass der Arbeitnehmer in den bestehen-den Lebensversicherungsvertrag eintritt und als Versicherungsnehmer die Beiträge selbst weiter entrichtet.
- Wenn sich keine der Lösungsmöglichkeiten umsetzen lässt, kann der Arbeitnehmer auch die Versicherung beitragsfrei stellen lassen, was jedoch im Alter zu viel geringeren Leistungen führt, da nichts mehr in den Vertrag einbezahlt wird.

12.4.3   Die Pensionskasse

Pensionskassen sind rechtsfähige, nichtstaatliche Versorgungseinrichtungen, die in der Rechtsform einer Aktiengesellschaft oder eines Versicherungs-vereins auf Gegenseitigkeit gegründet werden. Die Pensionskasse erhält Beiträge von Arbeitgebern und Arbeitnehmern, verwaltet und legt das Ver-mögen an und zahlt Renten aus. Die Pensionskassen unterstehen der Versicherungsaufsicht und funktionieren ähnlich wie herkömmliche Ver-sicherungsunternehmen. Pensionskassen sind nicht über den Pensionssiche-rungsverein abgesichert und werden im Insolvenzfall auch nicht von dem privaten Auffangfonds „Protektor" der Versicherungsgesellschaften unter-stützt. Aufgrund dieser fehlenden Rücksicherung gelten für Pensionskassen gesetzliche Einschränkungen bei den Anlagestrategien und der Vermögens-verwaltung. Der Aktienanteil ist auf 30 % begrenzt, und es muss eine Min-destverzinsung von 2,25 % seit 2007 gewährt werden. In der Regel erzielen Pensionskassen eine Rendite zwischen 3 und 5 %, was auf den hohen Anteil von Anleihen im Portfolio zurückzuführen ist. Die jährlichen Verwaltungs-kosten liegen in der Regel bei einem Prozent; die Pensionskasse muss auf Anfrage Auskunft über die Höhe der Verwaltungskosten erteilen.

Seit der Verabschiedung des Betriebsrentengesetzes haben immer mehr
Versicherungskonzerne zusätzlich Pensionskassen gegründet, um die zunehmende Nachfrage zu befriedigen. Seit 2006 gelten mit dem Versicherungs-
aufsichtsgesetz für Pensionskassen ähnliche Bestimmungen wie für Le-
bensversicherungsunternehmen. Bei den Pensionskassen unterscheidet man
umlagefinanzierte Pensionskassen, deren Funktionsweise der gesetzlichen
Rentenversicherung gleicht, und kapitalgedeckte Pensionskassen. Beiträge,
die der Arbeitgeber an Pensionskassen überweist, sind generell Bestandteil
des Arbeitnehmerentgelts; bis zu 4 % der Beitragsbemessungsgrenze in der
gesetzlichen Rentenversicherung sind jedoch steuer- und sozialabgabenfrei.
Aufgrund der nachgelagerten Besteuerung sind indes die später ausgezahlten
Betriebsrenten steuerpflichtig.

In der Praxis funktioniert eine Pensionskasse folgendermaßen: Der Arbeitgeber behält vom Bruttolohn des Mitarbeiters einen vorher vereinbarten Teil
ein und zahlt diesen in die Pensionskasse ein. Die Pensionskasse weist diesen Betrag, der in seiner Höhe variieren kann, einem individuellen Sparkon-
to zu. Von diesem Konto erhält der Bezugsberechtigte mit dem Antritt des
Ruhestands eine lebenslange Rente oder einen Einmalbetrag; dies kann er
selbst entscheiden. Weder der Arbeitgeber noch der Arbeitnehmer haben
Zugriff auf die Summe, und zudem gilt ein absoluter Pfändungsschutz, so
dass auch bei einer Privatinsolvenz die betriebliche Altersversorgung bei
einer Pensionskasse vor dem Zugriff der Gläubiger geschützt ist.

> Die Einzahlung in eine Pensionskasse hat den entscheidenden Vorteil, dass
> dabei Steuern und Sozialabgaben verringert werden; allerdings muss die
> ausgeschüttete Rente aufgrund der nachgelagerten Besteuerung besteuert
> werden. Bei einem Wechsel des Arbeitgebers kann der Arbeitnehmer die
> angesparte Summe auf ein anderes Modell mit Gehaltsumwandlung über-
> tragen. Im Rentenalter wird die Betriebsrente besteuert, und es fallen So-
> zialabgaben an.

12.4.4   Pensionsfonds

Ähnlich wie die Pensionskasse wird auch der Pensionsfonds als Aktiengesellschaft oder als Versicherungsverein auf Gegenseitigkeit gegründet. Der
Pensionsfonds ist in Deutschland anders als in den USA noch relativ wenig

verbreitet. Die Arbeitnehmer erhalten einen Rechtsanspruch auf eine lebenslange Rente; zudem können Invalidität und Angehörige abgesichert werden.

Der Unterschied zwischen einer Pensionskasse und einem Pensionsfonds besteht darin, dass Pensionsfonds in ihrer Anlagepolitik einen größeren Spielraum haben und auch einen höheren Aktienanteil haben dürfen. Aus diesem Grunde unterliegen Pensionsfonds der Kontrolle der Bundesanstalt für Finanzdienstleistungsaufsicht (BaFin) in Berlin; sie benötigen dort auch eine Zulassung. Darüber hinaus müssen Unternehmen, die einen Pensionsfonds als Durchführungsweg gewählt haben, ihre betriebliche Altersversorgung gegen Insolvenz durch den Pensionssicherungsverein schützen.

Da Pensionsfonds in ihrem Anlageverhalten weniger eingegrenzt sind, können sie durch einen höheren Aktienanteil auch höhere Renditen an den Finanzmärkten erwirtschaften. Allerdings hängen die Erfolgsaussichten von der Entwicklung der Aktienmärkte ab. In den USA sind Pensionsfonds weit verbreitet und nehmen erheblichen Einfluss auf die Gewinnentwicklung börsennotierter Aktiengesellschaften. Sie haben das Konzept des Shareholder Value verstärkt eingesetzt, um Unternehmen profitabler zu machen.

12.4.5   Unterstützungskassen

Die Unterstützungskasse unterscheidet sich von den anderen Durchführungswegen der betrieblichen Altersversorgung dadurch, dass sie keinen Rechtsanspruch bietet. Allerdings spielt diese Regelung in der Praxis keine Rolle, da der Arbeitgeber auch dann haftet, wenn die Unterstützungskasse ausfallen sollte. Man spricht von einer Subsidiärhaftung des Arbeitgebers. Zusätzlich müssen die Betriebsrenten für den Fall, dass der Arbeitgeber insolvent werden könnte, beim Pensionssicherungsverein abgesichert sein.

Die Unterstützungskasse ist eine rechtsfähige Einrichtung, die der mittelbaren betrieblichen Altersvorsorge dient und die die Rechtsform einer GmbH, einer Stiftung oder eines eingetragenen Vereins haben kann. Das Unternehmen finanziert die Versorgungsleistung für die Mitarbeiter durch Zahlungen an die Unterstützungskasse, die steuerlich als Betriebsausgaben geltend gemacht werden können. Bei der so genannten reservepolsterfinanzierten Unterstützungskasse wird Kapital angespart, um später die Betriebsrenten an die Mitarbeiter zahlen zu können.

Da Unterstützungskassen keinen Rechtsanspruch auf Leistungen gewähren, unterliegen sie nicht der behördlichen Aufsicht und können die Anlagestrategien und -grundsätze frei wählen. In vielen Fällen wird ein Teil des Kapitals in das Unternehmen investiert, das die Unterstützungskasse unterhält, oder das Unternehmen erhält ein Darlehen aus der Unterstützungskasse. Aufgrund dieser Unternehmensbindung ist ein Wechsel der Unterstützungskasse problematisch, zumal steuerliche Nachteile entstehen. Deshalb sind in den letzten Jahren zunehmend so genannte rückgedeckte Unterstützungskassen entstanden, die durch die Entgeltumwandlung die Möglichkeit haben, flexiblere Formen der betrieblichen Altersversorgung zu nutzen. Bei der rückgedeckten Unterstützungskasse werden die Beiträge an ein Versicherungsunternehmen weitergegeben. Unterstützungskassen sind unter bestimmten Umständen von der Körperschaftsteuer befreit.

Sie gehören zu den ältesten Ansätzen in der betrieblichen Altersversorgung, denn die ersten Einrichtungen wurden bereits Mitte des 19. Jahrhunderts gegründet.

Unterstützungskassen werden vorwiegend vom Arbeitgeber durch Beiträge getragen; sie können jedoch durch Entgeltumwandlung auch vom Arbeitnehmer finanziert sein.

12.5   Die Pensionsrückstellungen

Bei Pensionsrückstellungen handelt sich um Verpflichtungen aus der betrieblichen Altersversorgung, die auf der Passivseite der Bilanz notiert werden. Bei der Direktzusage ist die Ausweisung von Pensionsrückstellungen Pflicht.

Bei den mittelbaren Durchführungswegen ist es umstritten, ob solche Rückstellungen erfolgen müssen. Bilanztechnisch handelt es sich um Verbindlichkeiten in ungewisser Höhe, da zum Zeitpunkt der Bilanzierung nicht feststeht, in welcher Höhe und wann die Pensionsverpflichtungen fällig werden. Aus diesem Grund müssen Pensionsrückstellungen nach versicherungsmathematischen Kriterien beurteilt und abgezinst werden, um den Barwert (Gegenwartswert) zu bestimmen. Der Barwert repräsentiert den Wert aller Zahlungen für den Beginn der Laufzeit. Das bedeutet: Durch die versicherungsmathematische Berechnung kann herausgefunden werden, wie hoch die jeweiligen Pensionsrückstellungen bei unterschiedlichen Laufzeiten und Verzinsungen sein müssen, um eine bestimmte Höhe der Betriebsrente zu erzielen. Bei der Abzinsung ist steuerlich ein Wert von 6 % vorgesehen; bei dem europäischen Rechnungslegungsstandard IFRS, der für Konzernbilanzen von Unternehmen innerhalb der Europäischen Union maßgeblich ist, orientiert sich die Abzinsung am Zinsniveau der Finanzmärkte. Zusätzlich werden beim versicherungsmathematischen Barwert stochastische Variablen wie die Lebenserwartung und Sterbetabellen berücksichtigt.

Zwei Grundkonzeptionen sind bei der Bildung von Pensionsrückstellungen denkbar: der aufwandsbezogene und der bilanzbezogene Ansatz. Beim aufwandsbezogenen Ansatz wird der Aufwand von vornherein festgelegt und dann als Rückstellung in der Bilanz aufgeführt. Beim bilanzbezogenen Konzept erfolgt zuerst die Einstellung in die Bilanz und anschließend die Ermittlung des Aufwandes.

Bei mittelbaren Durchführungswegen (wie der Unterstützungskasse, Pensionskasse, dem Pensionsfonds und der Direktversicherung) ist eine Bildung von Pensionsrückstellungen nicht zwingend vorgesehen. Es handelt sich hierbei um ein Passivierungswahlrecht. Wenn dieses wahrgenommen wird, muss bei Kapitalgesellschaften eine Erläuterung im Anhang erfolgen. Für die Höhe der Pensionsrückstellung gilt das Prinzip der vernünftigen kaufmännischen Beurteilung. Der Barwert der Pensionsverpflichtungen ist immer dann zugrunde zu legen, wenn ein Mitarbeiter ausscheidet und die Betriebsrente unverfallbar ist, was nach der neuen gesetzlichen Regelung ab 2001 grundsätzlich der Fall ist. Bei Mitarbeitern, die noch im Unternehmen beschäftigt sind, wird das aus dem Steuerrecht stammende Teilwertverfahren eingesetzt. In Zukunft wird die Bildung von Pensionsrückstellungen nach den Grundsätzen des europäischen Rechnungslegungsstandards IFRS erheblich an Bedeutung gewinnen. Zuführungen gelten dann als Aufwand, und Auflösungen werden als Ertrag angesehen. In der Steuerbilanz dürfen Rückstellungen, die in der Vergangenheit versäumt wurden, nicht mehr nachgeholt werden.

Durch die Pensionsrückstellungen in der Bilanz ergibt sich eine Innenfinan-
zierung, da die Pensionsrückstellungen den ausschüttbaren Gewinn mindern
und die Steuerbelastung senken. Die Sicherheit der betrieblichen Altersversorgung hängt aber nicht nur von der Höhe der Pensionsrückstellungen in
der Bilanz ab, sondern wesentlich auch von der Liquiditätslage zum Zeitpunkt der Fälligkeit. Da das Risiko für das Unternehmen relativ groß ist,
haben die meisten Arbeitgeber zusätzlich eine Rückdeckungsversicherung
bei einer Lebensversicherungsgesellschaft, dem Pensionssicherungsverein,
der die Ansprüche des einzelnen Arbeitnehmers versichert.

Der Pensionssicherungsverein in der Rechtsform eines Vereins auf Gegenseitigkeit ist eine Einrichtung der deutschen Wirtschaft für den Insolvenzschutz der betrieblichen Altersversorgung.

Über eine solche Absicherung werden nicht nur herkömmliche Betriebsrenten aus einer Direktzusage erfasst, sondern auch Arbeitszeitkonten und Al-
tersteilzeitguthaben. Im Versicherungsfall zahlt die Versicherung unmittelbar an den Arbeitgeber. Die Rückdeckungsversicherung taucht in der Bilanz
auf der Aktivseite auf, da nach dem Saldierungsverbot Passiv- und Aktivpos-
ten nicht miteinander verrechnet werden dürfen. Für IFRS gilt diese Einschränkung nicht.

Die Absicherung über den Pensionssicherungsverein erstreckt sich unverfallbare Anwartschaften und laufende Leistungen, die aus Direktzusagen, Direktversicherungszusagen, Unterstützungskassen oder Pensionsfonds
stammen. Unternehmen müssen für den Pensionssicherungsverein öffent-
lich-rechtliche Beiträge entrichten, deren Höhe jährlich überprüft wird.

12.6   Die Finanzierung der betrieblichen
Altersversorgung

Man differenziert zwischen vom Arbeitgeber und vom Arbeitnehmer finan-
zierten Formen der betrieblichen Altersversorgung. In der Praxis kommen
häufig Mischformen vor. Die am weitesten verbreitete Finanzierungsart ist
die Entgeltumwandlung. Der Mitarbeiter verzichtet auf einen Teil seines
Einkommens zugunsten einer betrieblichen Altersversorgung. Jeder Arbeitnehmer hat einen gesetzlich verankerten Anspruch auf Entgeltumwandlung,
der bis zu 4% des Betrags der Beitragsbemessungsgrenze in der gesetzlichen

Rentenversicherung erreichen kann. Die Entgeltumwandlung bringt zahlreiche steuerliche Vorteile für Arbeitgeber und Arbeitnehmer mit sich, und von ihr profitieren vor allem Führungskräfte mit hohem Einkommen, da bei ihnen der Grenzsteuersatz besonders hoch angesiedelt ist.

Für den Arbeitgeber ergeben sich besondere Vorteile durch eine Unterstützungskasse, da diese Zuwendungen in der Bilanz sich gewinnsenkend auswirken. Vergleichbares gilt für Direktzusagen. Bei der Anlagepolitik kann man zwischen Umlageverfahren, die ähnlich wie die gesetzliche Rentenversicherung funktionieren, und Kapitaldeckungsverfahren unterscheiden. In den letzten Jahren haben Kapitaldeckungsverfahren vermehrt Zuspruch gefunden, da Umlageverfahren aufgrund des demographischen Ungleichgewichts zu zunehmenden Belastungen führen.

12.7   Unverfallbarkeit

Ein wichtiger Aspekt bei der betrieblichen Altersversorgung ist die Unverfallbarkeit der Ansprüche, d.h. wenn ein Mitarbeiter früher aus dem Unternehmen aufgrund eines Stellenwechsels ausscheidet, muss geregelt sein, ob die Ansprüche auf Betriebsrente verfallen oder weiterhin bestehen.

Seit dem Jahr 2001 wurde die Unverfallbarkeit der betrieblichen Altersversorgung neu geregelt. Bei einer Entgeltumwandlung sind die gesetzlichen Unverfallbarkeitsfristen sofort gegeben, d.h. wenn der Mitarbeiter seine Betriebsrente über die Entgeltumwandlung finanziert und von seinem eigenen Lohn oder Gehalt bezahlt hat, dann ist sie auf jeden Fall unverfallbar. Etwas anderes gilt für die vom Arbeitgeber finanzierte betriebliche Altersversorgung. Wenn der Arbeitnehmer beim Ausscheiden aus dem Unternehmen bereits das 30. Lebensjahr vollendet hat und die Zusage für die betriebliche Altersvorsorge bereits seit fünf Jahren besteht, dann ist die Betriebsrente unverfallbar.

Die Höhe der Anwartschaft ergibt sich anteilig aus der zugesagten Rente oder aus dem bereits gebildeten Vermögen, das als Deckungskapital bezeichnet wird. Das Deckungskapital bezieht sich für jedes Jahr des Versicherungsverlaufs auf den Wertunterschied zwischen den noch zu erfüllenden

Verpflichtungen des Versicherers und den Beiträgen, die zukünftig ausbezahlt werden (prospektives Deckungskapital) oder auf die in der Vergangenheit erhaltenen Beiträge und in der Vergangenheit erfüllte Verpflichtungen
(retrospektives Deckungskapital).

Unabhängig von den gesetzlichen Unverfallbarkeitsfristen steht es Arbeitgeber und Arbeitnehmer frei, eine frühere vertragliche Unverfallbarkeit zu
vereinbaren. Da unverfallbare Ansprüche sehr hohe Anforderungen an die
Sicherheit und an den Insolvenzschutz stellen, werden die Durchführungswege Direktzusage, Unterstützungskasse und Pensionsfonds über den Pensionssicherungsverein abgesichert. Die Höchstgrenze der Insolvenzsicherung
lag 2006 für laufende Renten bei 7.350 Euro monatlich und bei 889.000
Euro bei einmaligen Auszahlungen.

Verfallbare Anwartschaften oder Versorgungszusagen für Organmitglieder
wie Vorstände werden über Rückdeckungsversicherungsverträge oder die so
genannte doppelseitige Treuhand geschützt, die man international auch als
Contractual Trust Arrangements (CTA) bezeichnet. Bei einer Doppeltreu-
hand sind immer ein Sicherungsgeber (Treugeber), der Gesicherte (Gläubiger des Anspruchs) und der Doppeltreuhänder beteiligt. CTAs werden gelegentlich auch als selbstständige Vereine gegründet, die an das jeweilige
Unternehmen gebunden sind.

12.8   Die nachgelagerte Besteuerung

Aufgrund eines Urteilsspruchs des Bundesverfassungsgerichts zur Besteuerung von gesetzlichen Renten und Beamtenpensionen verabschiedete die
Bundesregierung das Alterseinkünftegesetz, durch das Renten in Zukunft
schrittweise der gesamten Besteuerung unterworfen werden. Als Ausgleich
dafür wird der Sonderausgabenabzug für Altersvorsorgeaufwendungen ebenfalls Schritt für Schritt frei gestellt.

Grund für diese Gesetzesänderung war die vom Bundesverfassungsgericht
festgestellte Ungleichbehandlung von Beamtenpensionen und gesetzlichen
Renten. Die Renten aus der gesetzlichen Rentenversicherung, die Versorgung der Landwirte und die berufsständischen Versorgungswerke der Kammerberufe (Beispiel: Rechtsanwälte, Steuerberater u.a.) wurden bis dahin nur
mit ihrem Ertragsanteil besteuert. Beamtenpensionen und Betriebsrenten

wurden in voller Höhe zur Einkommensteuer herangezogen. Das Bundesverfassungsgericht sah darin eine Verletzung des Grundgesetzes, insbesondere des Gleichbehandlungsgebots.

Um diese Ungleichbehandlung aufzuheben, wurde das Alterseinkünftegesetz eingeführt, das im Januar 2005 in Kraft trat. Da allerdings die Rentenbeiträge der Arbeitnehmer bereits versteuert sind, würde die zusätzliche Besteuerung bei Auszahlung der Rente eine Doppelbesteuerung darstellen. Aus diesem Grund wird der Sonderausgabenabzug parallel zur ansteigenden Besteuerung der Altersrenten von der Steuer freigestellt. Die Umstellung erfolgt über einen Zeitraum von 2005 bis 2040. Am Ende werden alle Renten voll zur Einkommensteuer herangezogen. Man hofft auch, dass aufgrund der schlechteren Einkommenssituation im Alter die Steuerbelastung deutlich sinkt.

Das neue Modell unterscheidet zwischen drei Kategorien von Altersversorgung:

- Die erste Kategorie ist die Basisversorgung, zu der neben der gesetzlichen Rentenversicherung berufsständische Versorgungswerke (Ärzte, Anwälte, Steuerberater u.a.), die Rürup-Rente, die vor allem für Selbstständige konzipiert wurde, und die Altersvorsorge der Landwirte zählen.
- Die zweite Kategorie bezieht sich auf die Zusatzversorgung, die die betriebliche Altersversorgung und die Riester-Rente umfasst.
- Die dritte Kategorie in diesem Modell bilden die Kapitalanlageprodukte, die nicht mehr oder nur eingeschränkt steuerlich gefördert werden sollen. Hierzu gehören neben Fondssparplänen und Wertpapieren auch die Lebensversicherungen.

Die Basisversorgung und die Zusatzversorgung sollen durch zunehmende steuerliche Freistellung des Sonderausgabenabzugs der Altersvorsorgeaufwendungen begünstigt und gefördert werden. Dieser Sonderausgabenabzug erhöht sich von 2005 bis 2025 stufenweise. Im Jahr 2025 soll der maximale Sonderausgabenabzug für Alleinstehende auf 20.000 Euro und für Verheiratete auf 40.000 Euro ansteigen. Diese Beträge könnte man im Jahr 2025 steuerlich gefördert für die Altersvorsorge (Basis- und Zusatzversorgung) aufwenden. Um größere Verwerfungen und Steuerausfälle zu vermeiden, wird dieser Betrag jedoch erst im Jahr 2025 gewährt. Das Jahr 2005 begann mit 60 % des Maximalbetrags, und der Sonderausgabenabzug steigt jährlich um zwei Prozent bis zum Jahr 2020 und anschließend lediglich um ein Prozent bis zum Jahr 2040.

Bei der Besteuerung der Renten wird das so genannte Kohortenprinzip angewandt, d.h. jeder Jahrgang wird mit dem Steuersatz besteuert, der im Jahr des Rentenbeginns galt. Wer im Jahre 2007 in Rente ging, dessen Rente wird 54 % besteuert; dieser Prozentsatz gilt dann für die gesamte Dauer des Rentenbezugs. Seit 2005 werden Lebensversicherungen zu 50 % besteuert.

Der Durchführungsweg bei der betrieblichen Altersversorgung spielt bei der Betrachtung der nachgelagerten Besteuerung eine erhebliche Rolle, da nicht alle Durchführungsweg gleich behandelt werden. Beiträge, die an Pensionsfonds, Pensionskassen und Direktversicherungen gezahlt werden, werden bis zu vorgegebenen Höchstgrenzen steuerlich freigestellt. Eine Pauschalierung der Lohnsteuer ist bei Pensionskassenzusagen möglich. Für Mitarbeiter, für die noch die alte Regelung gilt, kann auch die Lohnsteuer bei Direktversicherungen pauschaliert werden. Zusätzlich ist eine Riester-Förderung für Pensionsfonds, Pensionskassen und Direktversicherungen möglich. Anders hingegen werden die Direktzusagen und die Unterstützungskasse behandelt, die bereits jetzt der nachgelagerten Besteuerung unterliegen.

Grundsätzlich gilt: Wenn die Höchstbeträge durch eine vom Arbeitgeber angebotene Altersversorgung ausgeschöpft wurden, sind keine weiteren Entgeltumwandlungen mehr möglich. Für die Sozialabgabenfreiheit gilt die 4 %-Grenze; wenn mehr als 4 % der Beitragsbemessungsgrenze in der gesetzlichen Rentenversicherung umgewandelt werden, sind die Beiträge oberhalb der 4 %-Grenze voll sozialabgabenpflichtig. Dies stellt für die Rentenbezieher eine deutliche Belastung dar, denn die Sozialabgabenpflicht entsteht gleichsam zweimal: Einmal bei der Entgeltumwandlung, sofern die 4 %-Grenze überschritten wurde, und bei der Auszahlung der Rente im Ruhestand, da auch hierbei Beiträge zu den gesetzlichen Sozialversicherungen entrichtet werden müssen.

Bei der Ausgestaltung der Entgeltumwandlung ist es wichtig, dass die Arbeitgeber und die Arbeitnehmer eine Umwandlungsvereinbarung machen; denn es kann Probleme bei der Anerkennung der Entgeltumwandlung geben, wenn die Umwandlung durch den Arbeitgeber freiwillig erhöht oder aufgestockt wird und wenn eine geplante Gehaltserhöhung unmittelbar in die betriebliche Altersversorgung einfließt. Eine Entgeltumwandlung wird immer dann anerkannt, wenn die Gehaltserhöhung ansonsten regulär ausbezahlt worden wäre.

Einen Sonderfall stellt die Entgeltumwandlung im Bereich der Zeitwertkonten dar, die im Rahmen der Flexibilisierung der Arbeitszeit zunehmende Verbreitung finden. Bei Zeitwertkonten spricht man nicht von Umwandlung, sondern von Einbringung in die betriebliche Altersversorgung, was jedoch einer Umwandlung im Wesentlichen gleichkommt.

Teil 2
Vermögensaufbau

13   Die Vermögensbildung

Das Kapitel 13 gibt einen kurzen Einblick in die Möglichkeit für den Arbeitgeber, seine Mitarbeiter bei der Vermögensbildung zu unterstützen.

Die Vermögensbildung erfolgt durch vermögenswirksame Leistungen des Unternehmens; zusätzlich ist unter bestimmten Bedingungen eine staatliche Förderung möglich. Die rechtlichen Grundlagen sind im Fünften Vermögensbildungsgesetz und in der Verordnung zur Durchführung des Fünften Vermögensbildungsgesetzes verankert.

Die vermögenswirksamen Leistungen sind auf verschiedene Anlageformen begrenzt, zu denen neben dem Bausparvertrag, der Lebensversicherung Investmentfonds, Banksparpläne und Guthaben bei eingetragenen Genossenschaften gehören.

Für Führungskräfte dürfte die staatliche Förderung jedoch uninteressant sein, denn die so genannte Arbeitnehmersparzulage wird nur bis zur Einkommensgrenze von 17.900 Euro bei Alleinstehenden und bis zu 35.800 Euro bei der Zusammenveranlagung von Ehegatten bewilligt. Vermögenswirksame Leistungen werden nur dann staatlich gefördert, wenn der Arbeitnehmer die Anlageform frei wählen kann.

In etlichen Branchen bestehen Tarifverträge über vermögenswirksame Leistungen. In diesen Verträgen ist geregelt, dass der Arbeitgeber die vermögenswirksamen Leistungen völlig oder teilweise trägt, wenn der Mitarbeiter einen entsprechenden Vertrag abschließt. In solchen Fällen zahlt das Unternehmen die vermögenswirksamen Leistungen unabhängig davon, ob der einzelne Mitarbeiter die Voraussetzungen für die staatliche Förderung erfüllt oder nicht. Die Arbeitnehmersparzulage beläuft sich auf 18 % der vermögenswirksamen Leistungen, die auf 400 Euro jährlich begrenzt sind. Für bestimmte Anlageformen ist die Zulage auf 9 % von 470 Euro jährlich beschränkt – dies gilt insbesondere für Bausparverträge.

14   Die Riester-Rente

Der Arbeitnehmer selbst kann durch eigene Leistungen Vermögen bilden und dieses auch sichern. Das Kapitel 14 beschreibt und erläutert eine Möglichkeit dieser Form der Vermögensbildung – die Riester-Rente.

Die Riester-Rente ist eine seit mehreren Jahren bestehende Form der privaten Altersvorsorge, die vom Staat durch Zulagen und den steuerlichen Sonderausgabenzug besonders gefördert wird. Die Riester-Rente ist im Altersvermögensgesetz geregelt; ihre Bezeichnung geht auf den früheren Bundesminister Walter Riester zurück, der sie initiierte. Auslöser war die Rentenform im Jahr 2000 und 2001, die dazu führte, dass sozialversicherungspflichtige Beschäftigte mit 45 Beitragsjahren nur noch 67 % statt 70 % des Nettorentenniveaus erreichen. Durch diese Absenkung entsteht eine Versorgungslücke, die durch die private Altersvorsorge überbrückt werden soll. In der Realität sieht die Situation in der gesetzlichen Rentenversicherung wesentlich schlechter aus, da viele Beschäftigte nicht den Idealvorgaben des zugrunde gelegten „Eckrentners" entsprechen. 45 Beitragsjahre sind beispielsweise eine unrealistische Vorgabe, da viele Hochschulabsolventen angesichts des gestiegenen Qualifikationsniveaus Auslandssemester einplanen und Weiter- und Fortbildungen belegen. Das Arbeitseintrittsalter steigt immer weiter trotz der Einführung der kürzeren Bachelor-Studiengänge. Arbeitnehmer, die kein höheres Gehalt als das Durchschnittseinkommen erreichen oder nicht auf 45 Beitragsjahre kommen, müssen damit rechnen, dass ihr gewohnter Lebensstandard im Alter nicht zu halten ist.

Auch Führungskräfte sollten sich intensiv und ausgiebig mit dem Thema private Altersvorsorge befassen, um am Lebensabend vollständig abgesichert zu sein.

Die Riester-Rente ist hierzu ein wichtiger Baustein. Durch die staatlichen Vorgaben ist sie eine besonders sichere und empfehlenswerte Form der privaten Altersvorsorge. Um die gesetzlich vorgeschriebene Zertifizierung zu erlangen, muss der Anbieter bei Beginn der Auszahlung die Summe aller eingezahlten Beiträge garantieren. Darüber hinaus haben Riester-Verträge erhebliche Vorteile: So bleibt das angesparte Vermögen im Fall einer Privatinsolvenz oder bei Beantragung von Hartz IV unangetastet; es ist außerdem gegen Pfändungen geschützt. Die Anlageform kann jederzeit gewechselt werden, auch wenn dies eine Übertragung auf einen anderen Anbieter erfordert.

Der Gesetzgeber hat die Riester-Rente auf einen bestimmten Personenkreis beschränkt. Zulageberechtigt sind neben rentenversicherungspflichtigen Arbeitnehmern Landwirte, Bezieher von Arbeitslosengeld, Kindererziehende, Hartz-IV-Empfänger, rentenversicherungspflichtige Selbstständige wie Handwerker und Künstler sowie Wehr- und Zivildienstleistende, Bezieher von Krankengeld, geringfügig Beschäftigte, die auf die Versicherungsfreiheit verzichten, Bezieher von Vorruhestandsgeld, Beamte und die Ehepartner der Zulagenberechtigten.

Ausgeschlossen sind alle Selbstständigen, die nicht rentenversicherungspflichtig sind, ebenso Versicherte in berufsständischen Versorgungseinrichtungen (wie Ärzte und Rechtsanwälte), Rentner, geringfügig Beschäftigte, die versicherungsfrei arbeiten, und Studierende, die nicht rentenversicherungspflichtig sind.

Die Förderung der Riester-Rente erfolgt auf zwei verschiedenen Wegen: Zum einen gibt es die Altersvorsorgezulage, und zum anderen kann ein Sonderausgabenabzug nach dem Einkommensteuerrecht geltend gemacht werden.

Die Förderung ist nur möglich bei einem Riester-Vertrag, der zertifiziert wurde, um die gesetzlichen Auflagen zu erfüllen. Überprüft wird dies von der Bundesanstalt für Finanzdienstleistungsaufsicht. Dazu gehört auch, dass die spätere Auszahlung nicht auf einmal erfolgt, sondern in Form einer lebenslangen Leibrente geschieht. Eine Teilauszahlung von 30 % ist jedoch bei Rentenbeginn möglich.

Die Riester-Rente wird besteuert; wenn der Wohnsitz ins Ausland verlegt wird, müssen die Steuervorteile und Zulagen zurückerstattet werden. Im Jahr 2008 belief sich die Rückerstattung auf zirka 15 % der Riester-Rente.

Wenn die bezugsberechtigte Person vor dem Rentenbeginn stirbt, kann der Ehepartner den Vertrag weiterführen, sofern er einen eigenen Riester-Vertrag hat oder abschließt. Die Riester-Rente kann in Form einer Altersrente oder einer Invaliden- oder Hinterbliebenenrente ausbezahlt werden. Die Riester-Rente wird frühestens ab dem 60. Lebensjahr ausbezahlt.

Die Zulagen müssen regelmäßig beantragt werden, da die so genannte Günstigerprüfung des Finanzamts nur jenen Betrag betrifft, der über die Zulage hinaus steuerbegünstigt wird. Wenn die Altersvorsorgezulage vier Jahre lang nicht beantragt wurde, kann diese verfallen. Aus diesem Grund wurde zur Vereinfachung der Dauerzulagenantrag eingeführt, bei dem der Anbieter nur einmal die Zustimmung des Versicherten einholen muss. Die Vertriebs- und Abschlusskosten werden, um den Vertrag nicht zu sehr zu belasten, über fünf Jahre verteilt. Der Anbieter muss Angaben darüber machen, wie hoch die Verwaltungs- und Vertriebskosten sind und wie Beiträge eingesetzt werden; eine laufende Beitragszahlung ist vorgeschrieben. Darüber hinaus muss der Anbieter den Versicherten über die Höhe des vorhandenen Altersvorsorgevermögens regelmäßig informieren.

Zulage pro Jahr	Grundzulage Ledige	Verheiratete	Kinderzulage
2002/ 2003	38 EUR	76 EUR	46 EUR
2004/ 2005	76 EUR	152 EUR	92 EUR
2006/ 2007	114 EUR	228 EUR	138 EUR
ab 2008	154 EUR	308 EUR	185 EUR (300 EUR)

Die höhere Zulage von 300 Euro gilt nur für Kinder, die ab dem Jahr 2008 geboren wurden. Die Zulage für Verheiratete muss zu je 50 % auf die Verträge der beiden Ehepartner verteilt werden. Die Zulagen werden dem Riester-Vertrag gutgeschrieben; die Steuervorteile, die der Versicherte durch Sonderausgabenabzug erhält, fließen dem Versicherten direkt zu. Jedoch wird die Steuerersparnis, die aus den Sonderausgaben resultiert, von den Zulagen abgezogen, so dass es keine doppelte Förderung gibt.

Personen, die nur mittelbar zulagenberechtigt sind, d.h. deren Förderung einer Riester-Rente vom Ehegatten abgeleitet ist, erhalten keinen eigenständigen Sonderausgabenabzug.

Der Gesetzgeber hat eine Reihe von Szenarien definiert, die eine „schädliche" Verwendung des Riester-Vertrags darstellen und die eine Rückzahlung der Vorteile zur Folge haben. Dies bedeutet, dass sowohl die Zulagen als auch die Steuervorteile zurückerstattet werden müssen; außerdem unterliegen die angefallenen Erträge der Besteuerung.

Eine solche schädliche Verwendung liegt vor, wenn der Riester-Vertrag gekündigt wird. Ein Anbieterwechsel wird nicht als Kündigung betrachtet. Wenn der Versicherte vorzeitig stirbt, kann nur der Ehepartner den Riester-Vertrag weiterführen; die eigenen Kinder oder Verwandte können dies nicht.

Für die Organisation und Verwaltung der Riester-Renten und insbesondere der Zulagen ist die Zentrale Zulagenstelle für Altersvermögen (ZfA) in der Stadt Brandenburg zuständig. Diese Behörde ist der Deutschen Rentenversicherung angegliedert. Sie berechnet, kontrolliert und zahlt die Zulagen aus.

Bei den Anlageformen hat der Versicherte eine große Auswahl. Neben dem klassischen, aber wenig renditeträchtigen Banksparplan kommen eine Reihe anderer Anlageformen in Betracht. Die herkömmliche private Rentenversicherung bietet zwar höhere Renditechancen, erreicht aber nur eine Verzinsung, die knapp über der eines Banksparplans liegt. Der Versicherte hat auch die Möglichkeit, seine Beiträge in einer fondsgebundenen Rentenversicherung, einem Fondssparplan sowie in einer Pensionskasse, einem Pensionsfonds oder einer Direktversicherung anzulegen. Auch bei einem Fondssparplan muss der Anbieter am Ende der Laufzeit die Beiträge in eine private Rentenversicherung umwandeln, damit der Versicherte eine lebenslange Leibrente erhält.

Bei allen diesen Anlageformen müssen sämtliche Verwaltungs- und Vertriebskosten offen gelegt werden, so dass der Versicherte auch bei einem Fondssparplan nachvollziehen kann, wie viele Anteile des Investmentfonds ihm für einen Beitrag gutgeschrieben werden.

Eine Riester-Rente ist nicht empfehlenswert, wenn der Versicherte im Alter voraussichtlich auf die Grundsicherung angewiesen ist, d.h. die zu erwartende gesetzliche Rente unter dem Existenzminimum liegen wird und vom Staat aufgestockt werden muss. Dies kann der Fall sein, wenn jemand längere Zeit beschäftigungslos war oder über einen längeren Zeitraum ein zu geringes

Einkommen bezogen hat. Die Riester-Rente wird nämlich auf die Grundsicherung angerechnet.

Die Leistungen aus einer Riester-Rente sind aufgrund der nachgelagerten Besteuerung in der Auszahlungsphase voll einkommensteuerpflichtig. Bei der Einkommensteuerveranlagung wird auf Antrag eine Günstigerprüfung vorgenommen, die feststellt, ob die Beiträge durch die Riester-Zulage zumindest von der Einkommensteuer freigestellt wurden. Ist dies nicht der Fall, werden die gezahlten Beiträge zur Riester-Rente als zusätzliche Sonderausgaben berücksichtigt und von der Einkommensteuer freigestellt; die Einkommensteuer wird dafür um die Zulage erhöht.

In etlichen Fällen, besonders bei kinderlosen Paaren oder Doppelverdienern, ist die Riester-Zulage genau betrachtet kein staatliches Extra, sondern lediglich ein Ausgleich, um die nicht erlaubte Doppelbesteuerung der Riester-Rente bei der Entrichtung von Beiträgen und bei der späteren Auszahlung zu verhindern.

Es ist umstritten, ob die gesetzlichen Regelungen der Riester-Rente EU-konform sind. Kritiker weisen darauf hin, dass die Voraussetzung der unbeschränkten Steuerpflicht in Deutschland und die Förderung von Wohneigentum nur in Deutschland andere EU-Staaten benachteiligt und gegen die Niederlassungsfreiheit innerhalb der Europäischen Union verstößt. Das Bundesministerium argumentiert dagegen, dass die Riester-Rente als Ausgleich für die Reform und die Kürzungen in der gesetzlichen Rentenversicherung dient und deshalb nur auf in Deutschland gesetzlich Rentenversicherte ausgerichtet ist. Kritiker weisen auch darauf hin, dass die umfangreichen Kapitalgarantien und die Notwendigkeit, eine lebenslange Leibrente auszahlen zu müssen, die Rendite erheblich einschränkt.

15 Die Rürup-Rente

Als eine Alternative zur Vermögensbildung durch private Altersvorsorge wird in Kapitel 15 die Rürup-Rente vorgestellt und in ihren Vor- und Nachteilen diskutiert.

Seit 2005 gibt es die Rürup-Rente, die bei den Anbietern meist als Basisrente oder offiziell als subventionierte Altersvorsorge bezeichnet wird. Die Rürup-Rente verdankt ihren Namen der Wirtschaftswissenschaftler Bert Rürup, der sie initiierte. In ihren Merkmalen entspricht die Rürup-Rente weitgehend der gesetzlichen Rente, wird aber nicht über ein Umlagesystem, sondern kapitalgedeckt finanziert.

Die Basisrente erweitert die privaten Vorsorgemöglichkeiten mit staatlicher Förderung ab. Bei der Basisrente handelt es sich um eine freiwillige, vor allem für Selbstständige konzipierte Leibrente, die durch beträchtliche Steuervergünstigungen gefördert wird.

Die Rürup-Rente wird lebenslang ausbezahlt; ein Kapitalwahlrecht ist ausgeschlossen. Die Rürup-Rente bietet Selbstständigen und Führungskräften erhebliche Vorteile; in der Öffentlichkeit ist dies noch wenig bekannt.

So genießt die Rürup-Rente einen umfassenden Pfändungs- und Anrechnungsschutz, der auch bei einer Privatinsolvenz oder bei Arbeitslosigkeit und dem Bezug von Hartz IV nicht angetastet werden kann. Der Versicherte kann seinen Rürup-Vertrag weder verpfänden noch beleihen. Nur in der Rentenphase kann der Teil, der über der Pfändungsgrenze liegt, gepfändet werden.

Die Auszahlung der Rürup-Rente erfolgt frühestens im Alter von 60 Jahren, und zwar als lebenslange Leibrente. Die Zahlungen unterliegen aufgrund der Regelungen zur nachgelagerten Besteuerung der Einkommensteuer. Im Gegenzug werden die Beiträge zur Rürup-Rente zunehmend gestaffelt steuerfrei gestellt.

Jedoch hat die Rürup-Rente einige beträchtliche Nachteile, die man als Selbstständiger oder als Führungskraft beachten sollte. Eine genaue Nutzenabwägung ist unerlässlich. Ein Kündigung ist völlig ausgeschlossen; es ist nur möglich, den Vertrag beitragsfrei zu stellen. Wenn der Versicherte vor dem Rentenbeginn verstirbt, verfällt das gesamte angesparte Vermögen einschließlich aller Erträge. Der Rürup-Vertrag kann also weder auf den Ehegatten noch auf Verwandte übertragen werden; eine Vererbung ist ebenso wenig möglich wie eine Auszahlung oder Veräußerung. Das gesamte Kapital verfällt mit dem Tod des Versicherten. Einige Versicherer bieten jedoch zusätzlich eine Zusatzversicherung an, die eine Hinterbliebenenrente für den Ehegatten vorsieht oder sogar eine Beitragsrückgewähr. Solche Zusatzversicherungen werden aber steuerlich nicht gefördert.

Ein großer Vorteil der Rürup-Rente ist ihre umfassende steuerliche Förderung . Seit 2005 können Beiträge zur Rürup-Verträgen als Sonderausgaben der Basisversorgung steuerlich geltend gemacht werden. Mit dem Beginn der Förderung waren im Jahr 2005 60 % steuerlich absetzbar. Bis zum Jahr 2025 sollt dieser Anteil auf 100 % ansteigen; im Jahr 2008 betrug der Prozentsatz 66 %. Der maximal einzahlbare Betrag für eine Rürup-Rente liegt bei Alleinstehenden bei 20.000 Euro und bei zusammen veranlagten Ehepaaren bei 40.000 Euro. Ein alleinstehender Versicherter könnte daher im Jahr 2008 66 % von 20.000 Euro steuerlich abziehen, wenn der Maximalbetrag in einen Rürup-Vertrag einbezahlt wird; diese Regelung gilt in vollem Umfang aber nur für Selbstständige, da bei Arbeitnehmern die Beiträge zur gesetzlichen Rentenversicherung teilweise abgezogen werden.

Für Führungskräfte ist dies eine lukrative Steuerersparnis. Allerdings sollte man in jedem Fall abwägen, ob die Nachteile der Rürup-Rente (keine Vererbung, keine Veräußerung, nachgelagerte Besteuerung) dadurch kompensiert werden.

Die Besteuerung der Rürup-Rente erfolgt nach einem speziellen Prinzip, dem so genannten Kohortenprinzip. Die Leistungen aus der Rürup-Rente sind bis 2040 nur teilweise steuerpflichtig; der steuerfreie Anteil wird bei Rentenantritt festgesetzt und orientiert sich an dem jeweiligen Jahrgang (der Kohorte). Die Rürup-Rente wurde mit Beginn des Jahres 2005 zu 50 % besteuert, was den Ausgangswert darstellt.

Bis zum Jahre 2020 steigt die Besteuerung um jeweils 2 % jährlich an. Ab dem Jahr 2020 erhöht sich der Steueranteil um 1 % jährlich bis zum Jahr 2040. Dann sind sämtliche Leistungen aus einer Rürup-Rente voll steuerpflichtig.

Spezielle Zielgruppe für die Rürup-Rente sind Selbstständige, vor allem Freiberufler, die keinem ständischen Versorgungswerk angeschlossen sind, und gut verdienende Führungskräfte. Für Selbstständige eignet sich die Rürup-Rente deshalb besonders, da sie andere Fördermöglichkeiten wie die Riester-Rente oder die betriebliche Altersversorgung nicht in Anspruch nehmen können. Durch den hohen Sonderausgabenabzug rentiert sich die Rürup-Rente aber auch für Führungskräfte, die die Steuervorteile in hohem Maße nutzen können. Allerdings können abhängig Beschäftigte anders als Selbstständige die Steuervorteile nicht in vollem Umfang genießen, da ihr Sonderausgabenabzug um den steuerfreien Arbeitgeberanteil zur gesetzlichen Rentenversicherung verringert wird – dasselbe gilt für Beamte bei denen eine fiktive Reduzierung vorgenommen wird.

Nachteilig ist, dass eine einmal abgeschlossene Rürup-Rente nicht mehr gekündigt werden kann. Dafür darf ein Rürup-Vertrag nicht beim Bezug von Arbeitslosengeld II angerechnet werden; der Vertrag muss aber bereits vor der Antragstellung vorhanden sein.

Besonders unattraktiv ist die Tatsache, dass die Rürup-Rente beim vorzeitigen Tod des Versicherungsnehmers verfällt und in die Versichertengemeinschaft des Versicherungsunternehmens einfließt. Dies ist zwar im Prinzip auch bei der gesetzlichen Rentenversicherung der Fall, aber dennoch ist diese Regelung oft ein Hindernis für den Abschluss einer Rürup-Rente. Jedoch gibt es Möglichkeiten, diesen Fall zu verhindern. So kann der Kunde beim Vertragsabschluss zusätzlich eine Berufsunfähigkeitsversicherung und eine Hinterbliebenenrente abschließen, die an den Ehepartner oder an die kindergeldberechtigten Kinder ausbezahlt wird. Die Rente für den Ehepartner beträgt meist nur 60 % der eigentlichen Rente. Die Hinterbliebenenrente kann mit einer Art Rentengarantiezeit ausgestattet werden. Wenn diese Rentengarantie sich auf 10 Jahre bezieht und der Versicherte bereits nach fünf Jahren stirbt, wird der Gesamtbetrag der für die ersten 10 Jahre zu zahlenden Rente eingesetzt, um daraus eine lebenslange Rente an den Ehepartner oder die Kinder zu finanzieren.

Allerdings führen diesen Zusatzversicherungen dazu, dass die Rendite aus dem Rürup-Vertrag spürbar sinkt. Eine weitere Option besteht darin, eine Beitragsrückerstattung zu vereinbaren, wenn der Tod vor dem Rentenbeginn eintritt.

Wenn der Versicherte in der Auszahlungsphase früh verstirbt, sind die eingezahlten Beiträge verloren; es gibt keine Rentengarantiezeit wie bei der privaten Rentenversicherung.

Auch bei der Dauer des Rentenbezugs gibt es Varianten; manche Rürup-Verträge sehen eine definierte Rentenbezugsdauer vor, während andere Verträge die bereits bezahlten Renten vom angesparten Kapital abziehen und den Restbetrag verrenten.

Bei der Hinterbliebenenrente ergeben sich Probleme, wenn der Versicherte zum Zeitpunkt des Todes nicht mehr in einer Ehe lebt. Geschiedene, unverheiratete oder eingetragene Lebenspartner haben keinen Anspruch auf eine Hinterbliebenenrente. Auch die Kinder erhalten nur eine Rente, wenn ihr Kindergeldanspruch nicht erloschen ist.

Interessant indes ist die Option, eine Berufsunfähigkeitsversicherung abzuschließen.

Damit der Rürup-Vertrag steuerlich gefördert wird, muss der Anteil der Berufsunfähigkeitsversicherung am Gesamtvertrag geringer sein als der Beitragsanteil für die eigentliche Rürup-Rente. Während die Abzugsmöglichkeit für eine Berufsunfähigkeitsversicherung bei der Obergrenze von 2.400 Euro im Jahr liegt, ergeben sich durch die Kombination mit einem Rürup-Vertrag wesentlich höhere Vorteile.

Vorsicht ist jedoch geboten, wenn die Beitragszahlungen für die Rürup-Rente ausgesetzt werden; in solch einem Fall erlischt auch der Versicherungsschutz für den Fall der Berufsunfähigkeit. Darüber hinaus muss die Berufsunfähigkeitsrente aufgrund der Koppelung an den Rürup-Vertrag voll versteuert werden, während ansonsten die Berufsunfähigkeitsrente nur mit dem Ertragsanteil zur Besteuerung herangezogen wird. Aus diesem Grunde sollte man im Zweifelsfall genau abwägen, welche Vor- und Nachteile sich aus der Verknüpfung einer Berufsunfähigkeitsversicherung mit einem Rürup-Vertrag ergeben.

16 Versicherungen

Das folgende Kapitel beschäftigt sich mit der Vermögenssicherung durch Versicherungen. Es werden die gängigen Formen verschiedener Versicherungsverträge erläutert und deren Vor- und Nachteile diskutiert. Dadurch wird ein Verständnis für Nutzen bzw. Nichtnutzen verschiedener Versicherungen vermittelt.

Im Rahmen des Vermögensaufbaus sollten Führungskräfte auch ihren Versicherungsbestand überprüfen. Viele Menschen in Deutschland sind falsch versichert; etliche haben keine Versicherungen, die im Alltag unverzichtbar sind wie die Haftpflichtversicherung. Dagegen bestehen in vielen Haushalten oft mehrfach Kapitallebensversicherungen, die aber aufgrund ihrer Intransparenz und ihrer geringen Rendite nicht empfehlenswert sind. Im Folgenden werden die wichtigsten Versicherungen für Führungskräfte vorgestellt.

16.1 Die Haftpflichtversicherung

Schnell kann im Alltag ein Schaden entstehen. Kinder zertrümmern beim Ballspielen eine Fensterscheibe; ein Kollege verschüttet aus Versehen Wein auf dem neuen Teppich; ein Fußgänger rutscht auf dem Gehweg vor dem Haus auf einem Blatt aus.

Bei all diesen Fällen muss man, wenn der Schaden vorsätzlich oder fahrlässig verursacht wurde, Ersatz leisten. Der Schaden kann so beträchtlich sein – etwa bei einer lebenslangen Behinderung –, dass die Existenz des Schadenverursachers ruiniert ist. Denn der Schadenersatz bezieht sich nicht nur auf die entstandenen Sachschäden, sondern auch auf Personen- und Folgeschäden. Die Behandlungskosten und der Verdienstausfall einer geschädigten Person können enorm sein. Darüber hinaus kann ein Anspruch auf Schmerzensgeld und eine lebenslange Rente entstehen. Der Verursacher haftet für den Schaden mit seinem gesamten Vermögen, d.h. im schlimmsten

Fall mit allem, was er hat. Das Haus wird zwangsversteigert – das Gehalt gepfändet. Angesichts dieser Sachlage ist es erstaunlich, dass in Deutschland viele Haushalte keine Privathaftpflichtversicherung abgeschlossen haben. Sie ist mit Abstand die wichtigste Versicherung überhaupt, auf die nicht verzichtet werden kann. Keine Privathaftpflichtversicherung zu haben ist grober Leichtsinn, der verhängnisvolle Folgen haben kann. Vor allen anderen Versicherungen sollte man auf jeden Fall eine Haftpflichtversicherung abschließen.

Die Haftpflichtversicherung prüft im Schadensfall, ob und in welcher Höhe eine Verpflichtung zum Schadensersatz besteht; sie kommt für die Schäden auf, wenn der Anspruch berechtigt ist und wehrt Schadensersatzansprüche ab, die sich als unbegründet erweisen. Die Haftpflichtversicherung stellt zudem eine Art Rechtsschutz dar bei Ansprüchen, die nicht begründet sind. Die Mindestdeckungssumme sollte in der privaten Haftpflicht mindestens bei zwei Millionen Euro für Personenschäden und bei einer Million Euro für Sachschäden liegen; insgesamt ist eine Deckungssumme von mindestens fünf Millionen Euro empfehlenswert.

Nicht in allen Fällen muss der Versicherer zahlen – vor allem dann, wenn dem Verursacher kein Verschulden nachgewiesen werden kann. Was wenig bekannt ist: Die Haftpflichtversicherung zahlt aber bei Schäden infolge grober Fahrlässigkeit.

Die Haftpflichtversicherung schützt neben dem eigentlichen Versicherungsnehmer auch die Familienmitglieder und Ehepartner. Außerdem kann die bestehende Haftpflichtversicherung auf den Lebenspartner ausgeweitet werden, wenn dessen Name im Versicherungsvertrag angegeben wird. Darüber hinaus bezieht sich der Versicherungsschutz auch auf Hilfskräfte im Haushalt (Haushaltshilfen, Gärtner, Reinigungspersonal, Babysitter), wenn durch diese Personen andere zu Schaden kommen. Beim Tod des Versicherungsnehmers bleibt der Versicherungsschutz für die Familie bis zur nächsten Beitragszahlung bestehen. Wenn der Beitrag von den Hinterbliebenen weitergezahlt wird, wird die Versicherung fortgeführt.

Die Kinder sind in der Haftpflicht bis zu ihrer Volljährigkeit mitversichert. Wenn die Kinder sich dann noch in der Berufsausbildung befinden oder studieren, gilt der Versicherungsschutz weiterhin. Dieser bleibt auch bestehen, wenn sich Wartezeiten etwa bei der Studienzulassung ergeben oder sich unmittelbar an die Berufsausbildung ein Studium anschließt. Auch während des Zivil- oder Wehrdienstes gilt die Haftpflichtversicherung der Eltern. Bei Lehramtskandidaten und angehenden Referendaren erlischt der Versicherungsschutz mit dem ersten Staatsexamen.

Der Versicherungsvertrag gilt nicht für Ansprüche, die Familienmitglieder untereinander geltend machen. Das ist auch der Fall, wenn eine Haushaltshilfe einen Schaden bei einem Familienmitglied verursacht; der Haftpflichtschutz für Haushaltshilfen gilt nur, wenn eine Person außerhalb des Haushalts betroffen ist.

Von der Haftpflichtversicherung sind Schäden ausgeschlossen, die absichtlich (vorsätzlich) verursacht wurden; zudem sind reine Vertragsverpflichtungen wie z. B. eine Darlehensrückzahlung, Geldstrafen und Bußgelder nicht durch die Haftpflichtversicherung abgedeckt. Für andere Sonderfälle gibt es spezielle Haftpflichtversicherungen. So deckt die Privathaftpflichtversicherung keine Schäden ab, die durch das Fahren eines Autos, eines Flugzeugs oder eines Wasserfahrzeugs entstehen; denn hierfür gibt es spezielle Haftpflichtversicherungen wie beispielsweise die Kfz-Haftpflicht, die für jeden Autohalter obligatorisch ist.

> Für jede Führungskraft ist eine Privathaftpflichtversicherung unerlässlich. Sie ist die wichtigste Versicherung, die man abschließen sollte. Jedoch erstreckt sich der Versicherungsschutz nicht auf den Arbeitsbereich; für Vorstände und andere hochrangige Führungskräfte gibt es spezialisierte Haftpflichtversicherungen, die das Haftungsrisiko bei Unternehmensentscheidungen abdecken.

Wer häufig Wassersport betreibt, ein Ruder- oder Segelboot oder ein Kanu hat bzw. Wassersportfahrzeug besitzt, sollte eine Sportboot-Haftpflichtversicherung abschließen. Dies ist auch notwendig, wenn man mit dem eigenen Surfbrett Sport betreibt. Eine solche Versicherung ist nicht erforderlich, wenn das Boot oder das Surfbrett geliehen oder gemietet sind und man nicht der Eigentümer ist. In diesen Fällen ist man durch die eigene Privathaftpflichtversicherung geschützt.

Bei größeren Tieren wie Pferden oder Hunden sollte man eine Tierhaftpflichtversicherung abschließen, denn für Tierhalter gilt eine enorm verschärfte Gefährdungshaftung, die auch ohne eigenes Verschulden eintritt. Wenn man Reitunterricht in einer Reitschule oder privat nimmt, gilt die private Haftpflichtversicherung, da das Pferd nur geliehen ist. Allerdings sind durch die private Haftpflichtversicherung keine Schäden abgedeckt, wenn das Pferd beim Reiten selbst zu Schaden kommt und der Eigentümer Regress geltend macht.

Die private Haftpflichtversicherung ist weltweit gültig. Wer im Urlaub oder während eines Besuchs im Ausland einen Schaden verursacht, ist geschützt. Dies gilt auch, wenn die eigenen Kinder im Ausland bis zu einer Dauer von einem Jahr studieren. Bei längerem Auslandsaufenthalt ist eine zusätzliche Regelung erforderlich.

Besonders häufig beschäftigen die Versicherungen Fälle, in denen Fußgänger im Winter auf dem vereisten oder verschneiten Gehweg stürzen.

Für den Mieter einer Wohnung oder eines Einfamilienhauses gilt der Schutz der Privathaftpflichtversicherung; auch Eigentümer eines Einfamilienhauses genießen den Schutz, wenn sie selbst in dem Haus wohnen. Die Räumung der Gehwege ist Aufgabe des Eigentümers. Häufig wird diese Pflicht im Mietvertrag auf die Mieter abgewälzt, die bei Schneefall oder Glätte den Gehweg räumen und streuen müssen. Wenn der Mieter dieser Pflicht nicht nachkommt und ein Fußgänger sich bei einem Sturz verletzt, haftet er.

Der Eigentümer eines Hauses hat eine generelle Verkehrssicherungspflicht und haftet für die entstandenen Schäden. Dies kann nicht nur ein Sturz bei glattem Gehweg sein, sondern auch ein Ziegel, der vom Dach fällt. Um sich gegen solche Vorfälle zu versichern, durch die Mieter zu Schaden kommen können, benötigt der Eigentümer eine Zusatzversicherung zu seiner Privathaftpflicht oder eine Haus- und Grundhaftpflichtversicherung.

Kinder sind bis zum siebten Lebensjahr schuldunfähig und damit für ihr Handeln nicht verantwortlich. Bei Kindern, die älter als sieben Jahre sind, ist die Haftung für Schäden nur ausgeschlossen, wenn dem Kind die notwendige Einsicht fehlte. Ob die Einsichtsfähigkeit vorlag oder nicht, muss sich am Einzelfall und den jeweiligen Umständen orientieren. Bei Schäden im Straßenverkehr sind die Anforderungen höher, da Kinder aufgrund ihrer Entwicklung oft die Geschwindigkeit von Autos nicht richtig einschätzen können oder in einer Spielsituation unachtsam sind. Für den Straßenverkehr wird daher davon ausgegangen, dass eine Einsichtsfähigkeit erst ab dem zehnten Lebensjahr vorliegt. Erst ab diesem Alter haften sie für Schäden im

Straßenverkehr. Etwas anderes gilt, wenn parkende Autos beschädigt werden.

Die Eltern haften für Kleinkinder nur, wenn sie die Aufsichtspflicht verletzt haben. Dasselbe gilt, wenn Lehrer, Erzieher, Großeltern oder andere Personen die Aufsichtspflicht vernachlässigen. Wer Kinder aus Gefälligkeit beaufsichtigt, also etwa die Nachbarin, die kurz auf das Kind aufpasst, muss in der Regel nicht haften.

Fazit: Führungskräfte sollten auf jeden Fall eine Privathaftpflichtversicherung mit einer Deckungssumme von mindestens fünf Millionen Euro abschließen. Wer als Vorstand oder in einer anderen hochrangigen Position Entscheidungen trifft, die zu Regressansprüchen führen können, sollte eine spezielle Berufshaftpflichtversicherung für Vorstände und Führungskräfte abschließen. Die Privathaftpflichtversicherung erstreckt sich, wie der Name bereits andeutet, nur auf den privaten Bereich. Arbeitnehmer benötigen keine Berufshaftpflichtversicherung, da bei ihnen nur Ansprüche entstehen, wenn der Schaden vorsätzlich oder grob fahrlässig verursacht wurde.

16.1.1   Besondere Risiken

Eigentümer eines Mehrfamilienhauses und Vermieter eines Einfamilienhauses brauchen einen eigenen Haftpflichtschutz. Dies ist auch der Fall, wenn man ein unbebautes Grundstück sein Eigen nennt. Für all diese Fälle gilt die Verkehrssicherungspflicht, die sich zum Beispiel auf das Räumen der Gehwege bei Schneefall und Eisbildung bezieht und eine Streupflicht vorsieht. Auch müssen Hindernisse, die zum Stolpern führen können wie lose Steinplatten oder eine unzureichende Beleuchtung des Hauses, beseitigt werden. Eine Gefahr ergibt sich, wenn sich Dachziegel lösen und parkende Autos oder Fußgänger treffen. Zum Schutz vor solchen Schäden benötigt man eine Haus- und Grundbesitzerhaftpflichtversicherung.

Bei Häusern, die aus einer Vielzahl von Eigentumswohnungen bestehen, haften die einzelnen Eigentümer der Wohnungen für Schäden mit ihrer Privathaftpflichtversicherung. Dies gilt jedoch nur dann, wenn der Schaden von der Wohnung, dem Parkplatz oder den anderen abgegrenzten Räumen (Keller) verursacht wurde. Geht der Schaden vom so genannten Gemeinschaftseigentum aus (beispielsweise dem Treppenhaus, dem Dach oder den Außen-

wänden des Hauses), dann haftet nur die Haus- und Grundbesitzerhaftpflichtversicherung. Jede Eigentümergemeinschaft sollte daher eine solche
Versicherung abschließen.

Bauherrenhaftung

Viele Führungskräfte tragen sich mit dem Gedanken, selbst ein Haus zu bau-
en. Dadurch entstehen besondere Haftungsrisiken, denn der Bauherr trägt die
Gesamtverantwortung für die Sicherheit. Risiken können entstehen durch
herumliegendes Baumaterial, ungesicherte Schächte und Baugruben sowie
Schäden an Nachbargebäuden durch Baumaßnahmen. Bei größeren Bau-
vorhaben ist daher eine Bauherrenhaftpflichtversicherung notwendig. Dies
gilt auch dann, wenn das Bauprojekt von einem Architekten betreut wird, da
der Bauherr für die Verkehrssicherungspflicht verantwortlich ist. Eine
schuldhafte Verletzung dieser Pflicht ist bereits gegeben, wenn er die Gefahren hätte erkennen können. Er muss die Sicherheit auf der Baustelle in
regelmäßigen Abständen kontrollieren. Zwar können auch andere wie der
Architekt und die am Bau beschäftigten Handwerker zur Verantwortung
gezogen werden, aber der Bauherr haftet gesamtschuldnerisch, d.h. er steht
für den gesamten Schaden ein, auch wenn er später die anderen Beteiligten
in Regress nehmen kann.

Tierhalterhaftung

Wird jemand durch ein Tier verletzt oder getötet oder verursacht ein Tier
einen Sachschaden, haftet der Tierhalter vollständig. Für Tierhalter gilt die
so genannte Gefährdungshaftung, die auch dann gilt, wenn dem Tierhalter
kein Verschulden vorzuwerfen ist. Ein größeres Tier zu halten und keine
Tierhaftpflichtversicherung zu haben, ist äußerst gefährlich. Auch wenn der
Tierhalter alles unternommen hat, um den Schaden abzuwenden oder zu
vermeiden, haftet er in vollem Umfang.

Einzige Ausnahme ist, wenn die Tiere beruflich gehalten werden oder der
Lebensführung dienen wie Blindenführhunde.

Schäden, die auf Kleintiere wie Vögel, Kaninchen, Katzen, Hamster oder
Meerschweinchen zurückgehen, sind durch die Privathaftpflicht noch abgedeckt. Bei Hunden, Pferden oder Ponys ist eine Tierhalterhaftpflicht drin-
gend anzuraten. Eine solche Haftpflicht muss abgeschlossen werden, wenn
man Tiere landwirtschaftlich oder gewerblich (Tierzüchter) hält.

In etlichen Bundesländern wurden die Gesetze und Vorschriften für die Hundehaltung in den letzten Jahren deutlich verschärft. Daher ist für die Haltung bestimmter Hunderassen eine Hundehalter-Haftpflichtversicherung vorgeschrieben: In Brandenburg, Bremen, Hamburg, Hessen, Niedersachsen, Nordrhein- Westfalen, Rheinland-Pfalz, Saarland, Sachsen und Sachsen-Anhalt ist diese Versicherungspflicht für als gefährlich eingestufte Hunderassen eingeführt worden. In Berlin gilt diese Versicherungspflicht für Hunde, die seit Januar 2005 neu angeschafft wurden. In Bayern und Baden-Württemberg gibt es strenge Auflagen für die Haltung von Kampfhunden, zu denen unter anderem der Abschluss einer Hundehalter-Haftpflichtversicherung zählt.

Gewässerschaden
Viele Häuser werden mit Öl beheizt, was besondere Risiken in sich birgt. Wenn ein großer Öltank leckt, können enorme Schäden am Boden und im Grundwasser entstehen, die sich nur schwer und unter hohen Kosten beseitigen lassen.

Eine Gewässerschaden-Haftpflichtversicherung ist für alle Häuser, die einen Öltank haben, absolut unverzichtbar. Denn trotz regelmäßiger und sorgfältiger Kontrollen kann ein Leck nie ausgeschlossen werden. Angesichts der Tatsache, dass heutige Öltanks mehrere tausend Liter Heizöl fassen können, kommt eine Verseuchung des Grundwassers durch einen undichten Tank einer Katastrophe gleich. In einem solchen Schadensfall muss das gesamte Erdreich ausgebaggert und fachmännisch entsorgt werden. Die Kosten dafür können jeden Hauseigentümer in den Ruin treiben, denn es können Schäden in Höhe mehrerer Hunderttausend Euro entstehen. Der Eigentümer des Öltanks haftet nach dem Wasserhaushaltsgesetz auch ohne Verschulden unbegrenzt; dies gilt auch dann, wenn das Auslaufen des Öltanks auf die Schuld des Herstellers oder des Installateurs zurückzuführen ist. Aus diesem Grund ist eine Gewässerschaden-Haftpflichtversicherung für jeden Eigentümer eines Öltanks unerlässlich.

Fliegen
Das Luftverkehrsgesetz schreibt eine spezielle Versicherung für die Benutzung von Luftfahrzeugen vor, zu denen nicht nur Flugzeuge, sondern auch Flugdrachen und Gleitschirme zählen, die von Motorbooten gezogen werden. Auch für ferngesteuerte Flugzeugmodelle ist eine solche Versicherung

notwendig. Ausgenommen sind lediglich Flugzeugmodelle, Drachen oder unbemannte Ballone, die keinen Motor haben und durch keine Rakete angetrieben werden. Sie dürfen nicht schwerer als 5 kg sein; dann gilt der Versicherungsschutz durch die Privathaftpflichtversicherung.

Die Jagd
Obwohl die Jagd vielen als Relikt aus vergangenen Zeiten gilt, ist sie in manchen Kreisen noch immer verbreitet. Unfälle bei der Jagd kommen häufiger vor, als man denkt. So kann es passieren, dass ein Spaziergänger im Wald vom Jagdhund gebissen wird oder jemand von einem Hochsitz stürzt. Für den Schaden haftet der Jagdveranstalter oder der Jagdpächter. Das Bundesjagdgesetz schreibt den Abschluss einer Jagdhaftpflichtversicherung vor. Ein Jagdschein wird ohnehin nur erteilt, wenn der Antragsteller über eine solche Versicherung verfügt und die obligatorische Jagdprüfung abgelegt hat. Die Jagdhaftpflichtversicherung erstreckt sich auch auf das Halten von Jagdhunden.

Das Ehrenamt
Um das Ehrenamt, das immer mehr an Bedeutung gewinnt, zu fördern, ist die Haftung bei ehrenamtlich tätigen Personen eingeschränkt, denn es gibt in der Regel einen Freistellungsanspruch, so dass die zuständige Organisation haftet. Ausgenommen davon sind jedoch Vorsatz (d.h. absichtliches Handeln) und grobe Fahrlässigkeit.
Öffentliche oder gesetzlich definierte ehrenamtliche Tätigkeiten sind nicht vom Schutz der privaten Haftpflichtversicherung gedeckt. Um in diesen Fällen einen Versicherungsschutz zu erlangen, sollte eine eigene Betriebs- oder Vereinshaftpflichtversicherung abgeschlossen werden. Vereine sollten ehrenamtlich tätige Personen auf jeden Fall von der Haftung für Schäden durch Fahrlässigkeit freistellen.

16.1.2   Der Schadensfall in der Haftpflichtversicherung

Die Schadensfallmeldung ist im Versicherungsvertragsgesetz und in den Allgemeinen Versicherungsbedingungen für die Haftpflichtversicherung geregelt. Ein Schaden muss dem Versicherer innerhalb einer Woche gemeldet werden. Bei der Schadensmeldung muss der Versicherte genaue und ausführliche Angaben zu den Umständen machen, die den Schaden verursacht haben. Der Versicherte sollte der Versicherung alle Dokumente, die erforderlich sind, zugänglich machen und kein Schuldbekenntnis abgeben oder eine Zahlung leisten. Denn zuerst wird der Versicherer die Rechtslage und den Sachverhalt genau prüfen.

16.2 Die private Unfallversicherung

Allein im Straßenverkehr ereignen sich täglich neue Unfälle, die für die Betroffenen oft schwerste Folgen haben. Ein kurzer Augenblick kann genügen, und nichts ist mehr, wie es vorher war. Jeder Unfall kann lebenslange Konsequenzen haben und eine Schwerbehinderung oder gar den Tod nach sich ziehen.

Fast neun Millionen Menschen werden jährlich in Deutschland bei Unfällen verletzt. Etwa ein Viertel aller Unfälle geschieht am Arbeitsplatz, und zirka 30 % ereignen sich im Haushalt. Aktivitäten in der Freizeit, zu denen auch Sport zählt, sind für etwas weniger als ein Viertel der Unfälle verantwortlich. In vielen Fällen wäre ein Unfall durch die nötige Vorsicht und umsichtiges Handeln zu vermeiden gewesen.

Die Unfallversicherung gehört zu den wichtigeren Versicherungen, auch wenn ihre Priorität nicht so hoch ist wie der Privathaftpflichtversicherung. Da Unfälle eine drastische und oft irreversible Auswirkung auf das Berufsleben und die Existenz haben, sollten Führungskräfte unbedingt eine geeignete Unfallversicherung abschließen, um sich gegen die schwerwiegenden Konsequenzen eines Unfalls zu schützen.

Wichtig ist es, dabei zu bedenken, dass die Unfallversicherung nur Unfälle abdeckt, aber nicht die Berufsunfähigkeit infolge einer chronischen oder schweren Erkrankung. Solche Folgen müssen durch eine Berufsunfähigkeitsversicherung abgedeckt sein.

Wie ist nun ein Unfall definiert? In den Allgemeinen Unfallversicherungsbedingungen (AUB) wird ein Unfall als ein plötzlich von außen auf den Körper einwirkendes Ereignis definiert, das eine gesundheitliche Schädigung zur Folge hat. Durch diese Begriffsklärung ist beispielsweise ein Herzinfarkt ausgeschlossen, da es sich um ein Ereignis handelt, das im Körperinnern abläuft und nicht von außen kommt. Auch Unfälle im Sport, die durch eine erhöhte Dauerbelastung entstehen, gelten nicht als Unfälle, wenn man sich beispielsweise beim Gewichtheben Gliedmaßen verrenkt oder verstaucht. Auch Schocks oder psychische Reaktionen werden nicht unter dem Begriff Unfall zusammengefasst, da alle Unfallfaktoren nur kurzfristig einwirken dürfen.

Die Schädigung darf selbstverständlich nicht absichtlich erfolgen wie beispielsweise durch einen Suizid oder Selbstverstümmelung. Wer aber grob fahrlässig handelt, genießt den Schutz der Unfallversicherung.

Diese stellt zumindest einen finanziellen Schutz gegen die Folgen eines Unfalls dar, der einen langen Krankenhausaufenthalt und eine Rehabilitation nach sich ziehen kann. Auch der Verdienstausfall, ein notwendiger Berufswechsel oder die Invalidität können gravierende Konsequenzen haben.

Die Leistungen können als dauernde Unfallrente oder als einmalige Kapitalleistung erfolgen. Versichert sind Unfälle aller Art, die zu Hause, im Urlaub, im Straßenverkehr, in der Freizeit oder am Arbeitsplatz geschehen können. Der Versicherungsschutz ist weltweit gültig.

Die meisten Unfallversicherungen sehen ergänzende Leistungen vor, wie einen Todesfallschutz, wobei die Zahlungen wesentlich geringer sind als bei einer Risikolebensversicherung. Der Todesfallschutz ist also nur ein zusätzlicher Pluspunkt der privaten Unfallversicherung; Familien und Angehörige sollten stets noch durch eine Risikolebensversicherung abgesichert sein. Darüber hinaus gewähren Unfallversicherungen Übergangsleistungen und Tagegelder, wenn der Patient längere Zeit im Krankenhaus bleiben muss. Die Leistungen der privaten Unfallversicherung werden nicht auf die Leistungen anderer Versicherungen wie etwa der Kranken- oder der gesetzlichen Sozialversicherung angerechnet. Zwar sind die meisten Arbeitnehmer durch die Berufsgenossenschaft des Arbeitgebers und Schüler und Studierende durch eine gesetzliche Unfallversicherung gegen das Risiko eines Unfalls geschützt, aber es ist dennoch ratsam, eine private Unfallversicherung zusätzlich abzuschließen. Die Leistungen der gesetzlichen und der berufsgenossenschaftlichen Versicherung können vielleicht zu gering sein, um den gewohnten Lebensstandard aufrecht zu erhalten, was insbesondere für Führungskräfte relevant ist.

Darüber hinaus sollte man bedenken, dass die meisten Unfälle sich in der Freizeit und im Haushalt ereignen. Ein Sturz von der Leiter, ein Stromschlag oder ein Sturz über die dunkle Kellertreppe können schnell gravierende Folgen haben. Solche Unfälle in der Freizeit sind aber nicht von der Berufsgenossenschaft abgedeckt, da diese sich nur auf betriebliche Unfälle bezieht.

Selbstständige haben naturgemäß keinerlei betriebliche Unfallversicherung, so dass für sie eine private Unfallversicherung unabdingbar ist. Ältere Führungskräfte und Arbeitnehmer, die aufgrund ihres Alters oder ihrer Risiken keine Berufsunfähigkeitsversicherung mehr erhalten, sollten auf jeden Fall zumindest eine höhere Unfallversicherung abschließen, um wenigstens gegen das Unfallrisiko geschützt sein, auch wenn sie für den Fall der Berufsunfähigkeit durch chronische Krankheiten keinen Versicherungsschutz mehr bekommen. Die Gesundheitsprüfung bei Unfallversicherungen ist im Vergleich zu Berufsunfähigkeitsversicherungen nicht so rigoros, da nur bestimmte Krankheiten eine höhere Unfallgefahr mit sich bringen. Behinderte haben es häufig schwer eine entsprechende Unfallversicherung zu erlangen; aber nach dem Inkrafttreten des Allgemeinen Gleichbehandlungsgesetzes dürfen Behinderte nicht benachteiligt werden.

Die Leistungen der privaten Unfallversicherung sind sehr vielfältig und ermöglichen eine individuelle Absicherung des Unfallrisikos. In vielen Fällen lässt sich der Versicherte eine Einmalzahlung zusichern, die bei einem Unfall fällig. Dadurch kann er Einkommens- und Vermögensverluste kompensieren und einen Berufswechsel durchführen. Mit dem Geld ist es auch möglich, den Haushalt oder das Eigenheim behindertengerecht umbauen und ausstatten zu lassen und Pflegepersonal zu finanzieren. Ein Großteil der angebotenen Unfallversicherungen sieht eine Unfallrente vor. Ist der Versicherte zum Zeitpunkt des Unfalls bereits über 65 Jahre alt, wird häufig eine lebenslange Unfallrente bezahlt.

Die Höhe der Leistungen hängt Grad der Invalidität ab; zur genauen Bestimmung der Beeinträchtigung haben die Versicherer eine so genannte Gliedertaxe erstellt. Die Gliedertaxe beruht auf einer Empfehlung des Gesamtverbandes der deutschen Versicherungswirtschaft (GDV) und sieht die Invaliditätswerte bei folgendem Verlust vor:

- Arm bis oberhalb des Ellenbogengelenkes 65 %
- unterhalb des Ellenbogengelenkes 60 %
- Hand 55 %
- Finger Daumen 20 %
- Zeigefinger 10 %
- ein anderer Finger 5 %
- Bein über Mitte des Oberschenkels 70 %
- bis Mitte des Oberschenkels 60 %
- bis unterhalb des Knies 50 %
- bis Mitte des Unterschenkels 45 %
- große Zehe 5 % eine andere Zehe 2 %
- beide Augen 100 %
- ein Auge 50 %
- Gehör auf beiden Ohren 60 %
- Gehör auf einem Ohr 30 %
- Sinnesbeeinträchtigung beim Geruchssinn 10 %
- Verlust des Geschmackssinns 5 %

Diese Gliedertaxe kommt bei zirka 80 % der Unfälle zur Anwendung. Bei Unfällen, bei denen andere Beschwerden oder innere Verletzungen vorherrschen, wird die Beeinträchtigung der Gesundheit an der gesamten Leistungsfähigkeit des Versicherten gemessen. In allen Fällen wird ein ärztliches Gutachten angefordert.

Aufgrund des hohen Geldbedarfs bei einem Unfall haben viele Versicherer Progressionsmodelle im Programm. Bei diesen führt ein höherer Grad an Invalidität zu besseren Leistungen. Das bedeutet: Die Versicherungsleistung steigt bei der Progression nicht linear, sondern stärker an – beispielsweise je nach vereinbarter Progression um 200 oder 300 %.

Da der endgültige Grad der Behinderung oder Beeinträchtigung erst nach vielen Monaten festzustellen ist, wenn bereits Rehabilitationsmaßnahmen eingeleitet wurden, gibt es für die Phase ein Übergangsgeld, das bezahlt wird, wenn die geistige oder körperliche Leistung des Versicherten mehr als ein halbes Jahr um mindestens 50 % reduziert ist. Dieses Übergangsgeld dient auch dazu, Rehabilitationsmaßnahmen zu finanzieren, mit deren Hilfe der Verletzte wieder ins Arbeitsleben integriert werden kann.

Selbstständige können, um sich gegen den Ausfall ihrer Arbeitsleistung zu versichern, ein Tagegeld vereinbaren, das für die Gesamtdauer der ärztlichen Behandlung gezahlt wird. Darüber hinaus gibt es die Möglichkeit, ein Krankenhaustagegeld oder ein Genesungsgeld vorzusehen, das für die gesamte Dauer des Krankenhausaufenthalts bis zu zwei Jahren nach dem Unfall bezahlt wird. Das Genesungsgeld soll die Kosten für Fahrten zum Arzt oder Physiotherapeuten und für Haushaltshilfen abdecken.

Die Unfallrente wird meist bei einem Invaliditätsgrad ab 50 % fällig. Wenn der Unfall innerhalb eines Jahres zum Tode führt, zahlt die Versicherung die Todesfallsumme.

16.2.1   Der Schadensfall

Im Schadensfall sollte der Versicherer so schnell wie möglich über die Einzelheiten des Unfalls informiert werden. Die Ärzte, die den Patient behandeln, sollten eine umfassende Unfallanzeige ausfüllen und an den Versicherer senden. Bei einem tödlichen Unfall sollte die Meldung innerhalb von 48 Stunden erfolgen. Die Versicherung ist verpflichtet, innerhalb eines Monats über die Leistungsbewilligung zu entscheiden, wenn alle erforderlichen Unterlagen vorliegen. Liegt Invalidität vor, muss der Versicherer die Leistung innerhalb von drei Monaten genehmigen.

Nach dieser Entscheidung erfolgt die Zahlung in der Regel innerhalb von 14 Tagen. Drei Jahre nach dem Unfall kann das Ausmaß der Invalidität jährlich neu festgestellt werden, um herauszufinden, ob sich der Gesundheitszustand des Verletzten verbessert oder verschlechtert. Bei dieser Untersuchung muss dann definitiv die Leistung festgelegt werden. In der Zwischenzeit erhält der Versicherte Vorschüsse.

16.2.2   Die Höhe der Versicherungssumme

Man sollte die Höhe der Versicherungssumme sorgfältig ermitteln, damit man bei einem Unfall auch gut abgesichert ist. Eine Standardformel empfiehlt das Dreifache des Jahreseinkommens; Führungskräfte sollten die Versicherungssumme so hoch taxieren, dass sie ihren Lebensstandard einigermaßen aufrecht erhalten können. Zusätzlich kann im Versicherungsvertrag die Dynamik vereinbart werden, wodurch die Versicherungssumme jährlich um einen prozentualen Wert automatisch angehoben wird. In der Unfallversicherung werden die Berufe in zwei Gefahrengruppen unterteilt. Bei Handwerkern und anderen gefahrenträchtigen Berufen sind höhere Beiträge fällt. Auch Personen, die erst nach dem 65. Lebensjahr eine Unfallversicherung abschließen, entrichten höhere Beiträge.

16.2.3   Ausschlüsse in der Unfallversicherung

Bestimmte Unfälle sind ausgeschlossen; hierzu zählen beispielsweise Unfälle, die durch Kriege oder Bürgerkriege geschehen, aber auch Unfälle im Zusammenhang mit Kernenergie. Für solche Fälle kommt der Staat auf.

Außerdem sind Unfälle ausgeschlossen, die bei einer vorsätzlichen Straftat geschehen oder Folge einer Bewusstseinsstörung sind. Unfälle, die einen Fahrer eines Fahrzeugs (Autos, Motorräder, Motorboote) oder einen Insassen betreffen, sind nicht in der privaten Unfallversicherung eingeschlossen. Sie werden zum Teil durch die Kfz-Haftpflichtversicherung abgedeckt.

16.2.4   Spezielle Formen der Unfallversicherung

Eine Sonderform der Unfallversicherung ist die Unfallversicherung mit Beitragsrückzahlung. Am Ende der Versicherungszeit werden die Beiträge teilweise zurückerstattet. Obwohl dies interessant klingt, sollte man bedenken, dass auch solche Versicherungen vernünftig kalkulieren müssen. In den meisten Fällen liegen daher die Beiträge höher als bei herkömmlichen Unfallversicherungen. Manche Versicherungsgesellschaften ermöglichen eine zusätzliche Ausschüttung der Überschüsse am Ende der Laufzeit und erlauben es dem Versicherten, einen Teil der Beiträge in einer Vielzahl von Investmentfonds anzulegen, was besonders lukrativ sein kann.

Ein weitere Sonderform ist die bereits erwähnte betriebliche Unfallversicherung, die für Arbeitgeber gesetzlich vorgeschrieben ist und über die Berufsgenossenschaften realisiert wird. Manche Arbeitgeber versichern ihre Mitarbeiter zusätzlich durch eine private Unfallversicherung. Dies hat den Vorteil, dass der Arbeitgeber wesentlich bessere und günstigere Konditionen über eine so genannte Gruppenunfallversicherung aushandeln kann. Durch eine solche private Unfallversicherung sind die Arbeitnehmer nicht nur am Arbeitsplatz, sondern zusätzlich auch in ihrer Freizeit unfallversichert.

16.3 Berufsunfähigkeitsversicherung

Eine Versicherung, der eine noch höhere Priorität zukommt als der privaten Unfallversicherung, ist die Berufsunfähigkeitsversicherung. Die Berufsunfähigkeit, bei der ein Beruf infolge einer schweren oder chronischen Krankheit nicht mehr ausgeübt werden kann, ist weitaus häufiger als Invalidität durch einen Unfall.

Wer berufsunfähig wird, ist schnell in einer äußerst problematischen und existenzbedrohenden Situation.

Die Leistungen aus der gesetzlichen Rentenversicherung sind den letzten Jahren deutlich verringert worden und decken das Risiko einer Berufsunfähigkeit für die mittlere und die jüngere Generation nicht mehr ab. Eine Berufsunfähigkeitsversicherung ist daher für jede Führungskraft äußerst empfehlenswert. Neben der Berufsunfähigkeitsversicherung gibt es noch die private Erwerbsunfähigkeitsversicherung, die jedoch nur bei einer enormen Einschränkung der Arbeitsfähigkeit zahlt. Das Risiko der Erwerbsunfähigkeit ist auch in der gesetzlichen Rentenversicherung allerdings mit nur geringen Ansprüchen abgedeckt.

Die im Jahre 2001 durchgeführte Reform der gesetzlichen Rentenversicherung hat beträchtliche Auswirkungen, denn die Berufsunfähigkeitsrente wurde für Personen, die nach dem 1. Januar 1961 geboren wurden, komplett abgeschafft. Diese Jahrgänge haben nur noch Anspruch auf eine Erwerbsminderungsrente mit erheblich verringerten Leistungen. Im Falle der Erwerbsminderung schreibt der Gesetzgeber vor, dass jede Tätigkeit ohne Einschränkung angenommen werden muss, sofern der Betreffende gesundheitlich noch in der Lage ist, eine Tätigkeit auszuüben. Wer weniger als drei Stunden am Tag arbeiten kann, erhält als Erwerbsminderungsrente 38 % des letzten Bruttoeinkommens. Die Rente kann jedoch, wenn weniger in die gesetzliche Rentenversicherung einbezahlt wurde und im Rentenverlauf Lücken entstanden sind, noch viel geringer ausfallen. Für Personen, die vor dem 2. Januar 1961 geboren wurden, sind die Leistungen deutlich verschlechtert worden.

Angesichts dieser Neuregelungen ist eine private Berufsunfähigkeitsversicherung nahezu unverzichtbar. Denn die meisten Beschäftigten scheiden nicht aufgrund eines Unfalls aus dem Arbeitsleben, sondern wegen einer schweren oder chronischen Erkrankung, die berufsbedingt sein kann. So ist das Berufsunfähigkeitsrisiko in manchen Handwerksberufen überdurchschnittlich hoch. Fast jeder vierte Arbeitnehmer scheidet aufgrund von Berufsunfähigkeit frühzeitig aus dem Erwerbsleben aus. Besonders häufig sind in der Statistik Erkrankungen des Skeletts und der Muskulatur, aber auch Herz- und Kreislauferkrankungen vertreten. Zunehmend führen auch psychische Erkrankungen und Burn-outs zum vorgezogenen Ruhestand.

16.3.1   Was ist Berufsunfähigkeit?

Eine Berufsunfähigkeit wird häufig durch eine Krankheit verursacht. Die Versicherer zählen auch Körperverletzungen und Kräfteverfall dazu. Berufsunfähigkeit liegt vor, wenn jemand voraussichtlich sechs Monate nicht in der Lage ist, seinen Beruf oder eine vergleichbare Tätigkeit, die dem Qualifikationsniveau und der Stellung entspricht, auszuüben. Die Berufsunfähigkeitsrente wird bezahlt, wenn der Versicherte zu mehr als 50 % aufgrund einer Krankheit oder eines Unfalls berufsunfähig ist.

Die Definitionen und Regelungen können je nach Versicherungsvertrag sehr variieren, daher sollten Interessenten die Angebote sorgfältig vergleichen. Das Spektrum reicht von einer Basisversorgung bis hin zur kompletten Absicherung des Berufsunfähigkeitsrisikos.

Ein wichtiger Punkt beim Abschluss eines solchen Versicherungsvertrages ist, dass der Versicherer auf die so genannte „abstrakte Verweisung" verzichtet. Bei einer solchen Klausel könnte der Versicherer den Betreffenden auf eine andere Tätigkeit verweisen, die den vorhandenen Kenntnissen und Fähigkeiten entspricht und dem bisherigen Lebensstandard entspricht. In den meisten neueren Verträgen wird jedoch auf eine solche Verweisungsklausel von vornherein verzichtet.

16.3.2   Die Höhe der notwendigen Absicherung

Wichtig ist, dass Führungskräfte genau die Höhe der notwendigen Absicherung ermitteln. Dabei sollte man prüfen, inwieweit bereits eine Absicherung durch die gesetzliche Rentenversicherung besteht, die jedoch im Regelfall sehr gering sein wird, und welches Vermögen vorhanden ist, um im Falle der Berufsunfähigkeit weiterhin den Lebensstandard aufrecht erhalten zu können.

Die Versorgungslücke ergibt sich aus dem Unterschied zwischen dem üblichen Nettoeinkommen und dem Betrag, der einem monatlich nach dem Eintritt der Berufsunfähigkeit übrig bleibt. Hierbei müssen also Zahlungen der gesetzlichen Rentenversicherung, sofern solche bei Berufsunfähigkeit überhaupt erfolgen (nur für Personen, die vor 1961 geboren wurden), Einkommen aus anderen Quellen wie aus Vermietung und Verpachtung berücksichtigt werden. Die Höhe der Erwerbsminderungsrente kann man der Renteninformation der gesetzlichen Rentenversicherung entnehmen, die den meisten Versicherten einmal jährlich zugesandt wird. Mit 38 % können nur jene Personen rechnen, die nicht nur berufsunfähig, sondern auch erwerbsunfähig sind und die rentenrechtlichen Zeiten erfüllen. Sind diese Bedingungen nicht erfüllt, gibt es gar keine Erwerbsminderungsrente oder nur die halbe, die 19 % des letzten Einkommens ausmacht, die diejenigen erhalten, die zwischen drei und sechs Stunden am Tag arbeiten können.

Bei der privaten Berufsunfähigkeitsversicherung ist meist nicht die volle Höhe des letzten Nettoeinkommens versicherbar, was zu enorm hohen monatlichen Beiträgen führen würde. Meistens kann man nur 70 bis 80 % des Nettoeinkommens maximal versichern. Als zusätzliche Absicherung ist es aber möglich, einen dynamischen Anstieg der Berufsunfähigkeitsrente zu vereinbaren, der die Auswirkungen der Inflation und die regelmäßigen Gehaltserhöhungen ausgleicht.

Besonders empfehlenswert ist die Berufsunfähigkeitsversicherung bei Selbstständigen, da sie keine oder lediglich geringe Ansprüche auf eine Erwerbsminderungsrente in der gesetzlichen Rentenversicherung haben. Selbstständige müssen allerdings nachweisen, dass ihre selbstständige Tätigkeit auch genügend Einkommen einbringt, mit dem man den Lebensunterhalt bestreiten kann. Die Prüfung dieser Einkommensverhältnisse bezieht sich auf die letzten drei Jahre.

16.3.3   Die Berufsunfähigkeits-Zusatzversicherung

Die Berufsunfähigkeitsversicherung ist nicht nur als Vollversicherung, sondern auch als Zusatzversicherung in Kombination mit einer Risikolebensversicherung, einer fondsgebundenen oder klassischen Kapitallebensversicherung oder einer privaten Rentenversicherung erhältlich. In den meisten Fällen wird durch die Kombination nur abgesichert, dass die Beiträge in die jeweiligen Versicherungen auch im Falle einer Berufsunfähigkeit weiter entrichtet werden. Durch diesen Kombinationsschutz kann man beispielsweise die Altersversorgung bei einer Berufsunfähigkeit sicherstellen. Eine solche Zusatz-Berufsunfähigkeitsversicherung ist meist relativ günstig, sie ist aber mit keiner Berufsunfähigkeitsrente verbunden. Das Risiko einer Berufsunfähigkeit sollte daher stets mit einer Vollversicherung abgedeckt sein.

16.3.4   Die Antragstellung

Da es sehr viel unterschiedliche Verträge für Berufsunfähigkeitsversicherungen gibt und die Konditionen und die Angebotsdetails sehr variieren, ist eine sorgfältige und gewissenhafte Prüfung der einzelnen Angebote von Nöten. Man sollte auf jeden Fall die Vertragsbedingungen mehrmals genau durchlesen und bei Fragen sich an das Versicherungsunternehmen wenden. Da man den Gesundheitszustand genau angeben muss, sollte man sehr sorgfältig bei der Antragstellung vorgehen. Werden Vorerkrankungen verschwiegen oder aus Versehen vergessen, kann dies beträchtliche Folgen haben. Im Zweifelsfall muss die Versicherung nicht leisten, kann vom Vertrag zurücktreten oder ihn wegen arglistiger Täuschung anfechten. Unter Umständen müssen sogar bereits erhaltene Leistungen zurückerstattet werden.

Jeder Antragsteller sollte sich bewusst sein, dass der Antrag stets wahrheitsgemäß ausgefüllt werden muss und dass man auch den leichtfertigen Beteuerungen von Versicherungsvertretern, dieser Punkt sei nicht bedeutsam, nicht Glauben schenken darf. Selbst lang zurückliegende Kinderkrankheiten, eine Grippe oder andere Erkrankungen sollten lückenlos aufgeführt werden. Die Fragen zur Gesundheit umfassen meist einen Zeitraum von fünf bis zehn Jahren vor der Antragstellung. Auch gesundheitliche Einschränkungen wie Allergien, Übergewicht, Rauchen oder Bluthochdruck müssen detailliert angegeben werden. Wer eine überdurchschnittlich hohe Berufsunfähigkeitsrente haben will, muss auf Anforderung ein Gutachten seines Hausarztes vorlegen. Die Kosten für die Begutachtung übernimmt die Versicherungsgesellschaft. Mit einer Vertragsklausel entbindet der Antragsteller sämtliche Ärzte, bei denen er in Behandlung war oder noch sein wird, von der ärztlichen Schweigepflicht. Wenn bereits bedenkliche Vorerkrankungen oder erhebliche gesundheitliche Beeinträchtigungen vorliegen, kann die Versicherungsgesellschaft den Antrag ablehnen oder einen Risikozuschlag erheben, was häufig bereits bei Übergewicht der Fall ist. Es ist auch möglich, die Folgen von Vorerkrankungen von der Leistung auszuschließen.

Stellt sich im Nachhinein heraus, dass der Versicherte vergessen hat, eine Erkrankung anzugeben, oder sie absichtlich verschwiegen hat, kann dies verheerende Folgen haben. Viele Versicherungsvertreter versuchen oft den Antragsteller zu beschwichtigen, um schneller zum Abschluss zu kommen. Aber auch mündliche Äußerungen gegenüber dem Vertreter zählen nicht, da sie später vor Gericht nicht beweisbar sind. Erst ab 2009 müssen Versicherungsvertreter alle Zusagen und Angaben schriftlich protokollieren und dem Kunden aushändigen.

Da im Alter Gesundheitsrisiken zunehmen, offerieren manche Versicherungsgesellschaften Nachversicherungsgarantien, mit deren Hilfe man die Berufsunfähigkeitsrente noch nachträglich ohne erneute Gesundheitsprüfung erhöhen kann. Dabei ist diese Erhöhungsmöglichkeit meist an bestimmte Ereignisse wie die Geburt eines Kindes oder eine Hochzeit geknüpft.

16.3.5 Beiträge und Überschüsse

Die Höhe des Versicherungsbeitrags wird aus einer Reihe verschiedener Einflussfaktoren berechnet. Der Gesundheitszustand der Antragstellers spielt ebenso eine Rolle wie das Alter, das Geschlecht, der ausgeübte Beruf und die Freizeitaktivitäten. Berufe, die besonders risikoreich sind, haben größere Probleme, einen adäquaten Vertrag zu erhalten. Bei der Beitragszahlung sollte man beachten, dass viele Versicherungen einen Rabatt gewähren, wenn man die Beiträge viertel-, halb- oder jährlich entrichtet.

Die Verwendung der erwirtschafteten Überschüsse wird vertraglich unterschiedlich geregelt. Am häufigsten werden die Überschüsse mit den zu zahlenden Beiträgen verrechnet, so dass die Beitragshöhe sich deutlich verringert. Wenn der Versicherer jedoch geringere Überschüsse erzielt, kann die Beitragshöhe stärker ansteigen, da nicht genügend Überschüsse zur Verrechnung vorhanden sind. Ein anderer Ansatz ist das Bonussystem, bei dem

Überschüsse nicht zur Senkung der Beiträge verwendet werden, sondern um die Berufsunfähigkeitsrente zu erhöhen.

Der Vertrag kommt zustande, wenn die Versicherungspolice zugestellt wird. Abweichend davon kann im Vertrag ein bestimmter Zeitpunkt angegeben werden; der Vertrag ist aber nur dann gültig, wenn die erste Abbuchung des Beitrags vom Girokonto erfolgen konnte.

16.3.6   Der Eintritt der Berufsunfähigkeit

Falls die Berufsunfähigkeit eintritt, muss ein Facharzt ein Gutachten vorlegen. Der Versicherung befragt hierzu die behandelnden Ärzte und den Hausarzt mit Hilfe von Fragebogen. Wenn der Versicherer sich kein klares Bild machen kann, kann er unabhängig davon, eigene Gutachter beauftragen. Meistens schlagen die Versicherungen drei Ärzte vor, von denen sich der Versicherte einen Gutachter heraussucht. Wenn der Versicherte bei einer Ablehnung nicht mit dem Ergebnis einverstanden ist, kann er sich an den Ombudsmann der Versicherungswirtschaft wenden. Wenn es um einen Betrag geht, der unter 5000 Euro liegt, ist der Beschluss des Ombudsmannes für die Versicherung verbindlich. Bei einem Betrag zwischen 5000 und 50000 Euro kann der Ombudsmann eine unverbindliche Empfehlung aussprechen. Die Voraussetzung für die Einschaltung dieser Schlichtung ist jedoch, dass noch keine Klage erhoben wurde.

Ansonsten hat der Versicherte die Möglichkeit, gegen das Versicherungsunternehmen zu klagen. Dabei ist eines besonders wichtig: Man sollte niemals die Rechtsschutzversicherung bei derselben Versicherungsgesellschaft abschließen, bei der man die Berufsunfähigkeitsversicherung abgeschlossen hat. Die vertraglichen Bestimmungen der Rechtsschutzversicherung schließen nämlich regelmäßig eine Klage gegen das Versicherungsunternehmen mit Hilfe des Rechtsschutzes aus. Deshalb benötigt man stets eine Rechtsschutzversicherung bei einem anderen Versicherer. In der Vergangenheit hat sich gezeigt, dass eine solche Rechtsschutzversicherung durchaus empfehlenswert ist, da es bei einer Berufsunfähigkeit zu Leistungsverzögerungen und Konflikten kommen kann.

16.3.7   Die Besteuerung der Berufsunfähigkeitsrente

Die Besteuerung der Berufsunfähigkeitsrente ist unterschiedlich geregelt. Wird eine Einmalzahlung bei einer Berufsunfähigkeit fällig, dann ist diese steuerfrei. Werden die Leistungen hingegen als Rente ausbezahlt, dann unterliegt der Ertragsteil der Besteuerung. Die Beiträge zur Berufsunfähigkeitsversicherung können in begrenztem Umfang als Vorsorgeaufwendungen steuerlich geltend gemacht werden.

16.3.8   Die Berufsunfähigkeitsversicherung
und der Riester-Vertrag

Die Berufsunfähigkeitsversicherung kann mit einem Riester-Vertrag kombiniert werden. In diesem Fall sind die Beiträge zur Berufsunfähigkeitsversicherung als Vorsorgeaufwendungen steuerlich begünstigt. Der große Nachteil dieser Kombination besteht aber darin, dass die Berufsunfähigkeitsrente in voller Höhe besteuert werden muss, da dies auch für Riester-Renten gilt.

16.3.9   Die Berufsunfähigkeitsversicherung
in der betrieblichen Altersversorgung

Auch bei der betrieblichen Altersversorgung kann eine Berufsunfähigkeitsversicherung als Zusatzversicherung, die dann im Falle der Berufsunfähigkeit die Beiträge zur betrieblichen Altersversorgung entrichtet, oder als Vollversicherung abgeschlossen werden. Durch die Entgeltumwandlung kommt der Arbeitnehmer in den Genuss von Vorteilen bei der Lohnsteuer und den Sozialabgaben. Der Nachteil ist jedoch, dass wie bei der Kombination mit einer Riester-Rente die Berufsunfähigkeitsrente vollständig besteuert wird.

16.3.10   Die Berufsunfähigkeitsversicherung und die Rürup-Rente

Viel interessanter und lukrativer ist die Kombination mit einer Rürup-Rente. Denn anders als bei den eingeschränkten Vorsorgeaufwendungen können bei der Rürup-Rente die Beiträge zusammen mit der Rürup-Rente steuerlich abgesetzt werden. Es gibt aber eine Einschränkung: Die Beiträge zur Berufsunfähigkeitsversicherung (und einer in den Rürup-Vertrag integrierten Hinterbliebenenabsicherung) müssen weniger als 50 % des Gesamtbeitrags ausmachen. Diese Kombination ist für den Versicherten von Vorteil, da die abzugsfähigen Beträge für die Rürup-Rente wesentlich höher sind als die Vorsorgeaufwendungen. Die Besteuerung der Berufsunfähigkeitsrente richtet sich dann nach den Regelungen für die Rürup-Rente, die nach dem bereits erläuterten Kohortenprinzip (Jahrgangsprinzip) besteuert wird.

16.3.11   Die Dread-Disease-Versicherung

Eine in Deutschland weniger bekannte und in Großbritannien relativ populäre Versicherung ist die Dread-Disease-Versicherung, die bei schweren Krankheiten zahlt. Die Versicherungsgesellschaft erstellt dabei einen Katalog von schweren Erkrankungen, zu denen beispielsweise Herzinfarkt, Krebs, Schlaganfall, aber auch Bypass-Operationen zählen. Wenn der Versicherte erkrankt, zahlt die Versicherung meist einen Einmalbetrag. Manche Versicherungen führen über 40 schwerwiegende Krankheiten und Operationen auf, die den Versicherungsfall auslösen. Je höher aber die Zahl der angegebenen Krankheiten ist, desto höher liegt der Beitrag.

Die Versicherungsleistung soll dazu beitragen, dass der Versicherte sich zusätzliche medizinische Behandlungsformen leisten oder einen gewissen Zeitraum finanziell überbrücken kann.

Die Dread-Disease-Versicherung hat den entscheidenden Vorteil, dass sie auch dann abgeschlossen werden kann, wenn bereits Vorerkrankungen bestehen. Wer also keine Berufsunfähigkeitsversicherung mehr erhält, sollte prüfen, ob er nicht eine Dread-Disease-Versicherung bekommen kann. Auch im Leistungsfall ist eine Dread-Disease-Versicherung unproblematischer, da die Krankheiten, die den Versicherungsfall auslösen, in einer Liste eindeutig aufgeführt sind. Im Ausland ist es bereits seit langem üblich, Führungspositionen in einem Unternehmen durch eine Dread-Disease-Versicherung abzusichern. In Deutschland ist diese Praxis bislang wenig verbreitet.

Befürworter der Dread-Disesase-Versicherung führen häufig an, dass heutzutage kaufmännische Tätigkeiten überwiegen, die meist im Büro und sitzend ausgeführt werden, während in handwerklichen und technischen Berufen die Gefahr eines Unfalls viel größer ist. Ob die Dread-Disease-Versicherung ein ernstzunehmender Ersatz für eine Berufsunfähigkeitsversicherung ist, lässt sich generell nicht beantworten und hängt weitgehend von den Vertragsbedingungen ab. Zu bedenken ist, dass in den letzten Jahren die Berufsunfähigkeit aufgrund psychischer Erkrankungen und aufgrund von Burn-out und Stress zugenommen hat. Sofern diese Erkrankungen nicht in der Krankheitsliste aufgeführt sind, kommt die Dread-Disease-Versicherung dafür nicht auf. Andererseits sind meist schwere Erkrankungen der Grund, weshalb jemand aus dem Erwerbsleben vorzeitig ausscheidet. In diesem Fall könnte sich eine Dread-Disease-Versicherung als eine interessante Alternative erweisen.

16.3.12 Die Grundfähigkeitenversicherung

Wem eine Berufsunfähigkeitsversicherung zu teuer ist, kann auch eine Grundfähigkeitenversicherung abschließen. In diesem Fall werden bestimmte Fähigkeiten wie das Sehen oder das Autofahren versichert. Die Versicherung zahlt, wenn der Versicherungsnehmer diese definierten Tätigkeiten mindestens 12 Monate wegen einer Krankheit, einer Körperverletzung oder eines Kräfteverfalls nicht mehr ausführen kann.

16.3.13 Die Erwerbsunfähigkeitsversicherung

Die Erwerbsunfähigkeitsversicherung ist das privatwirtschaftliche Pendant zur gesetzlichen Erwerbsminderungsrente, denn sie zahlt nur, wenn eine Erwerbsunfähigkeit vorliegt. Da der Versicherte dabei außerstande sein muss, irgendeine Tätigkeit regelmäßig auszuüben, sind die Kriterien für einen Versicherungsfall wesentlich höher als bei einer Berufsunfähigkeitsversicherung. Dafür sind die Beiträge billiger. Die Erwerbsunfähigkeitsversicherung kann als eigenständige Versicherung abgeschlossen werden oder in Form einer Zusatzversicherung zusammen mit einer Renten-, Kapitallebens-, einer fondsgebundenen Renten- oder Kapitallebensversicherung oder Risikolebensversicherung.

16.3.14 Die vertraglichen Regelungen der Berufsunfähigkeitsversicherung

Wann eine Berufsfähigkeitsrente oder eine einmalige Leistung bezahlt wird, kann der Versicherte bei manchen Verträgen wählen. In der Regel wird bei einer Berufsunfähigkeit von 50 % bezahlt; aber je nach Vertragsgestaltung können auch 25 oder 100 % vereinbart werden. Besteht die Berufsunfähigkeit nicht zu hundert Prozent, kann die Berufsunfähigkeitsrente nur prozentual ausgezahlt werden.

16.4   Die Rechtsschutzversicherung

Obgleich hierzulande sich Prozesse vor Gericht nicht so häufen wie in den USA, wo es prozentual dreimal so viele Rechtsanwälte wie in Deutschland gibt, nimmt die Zahl der Klagen erheblich zu. Vielfach können schon geringfügige Anlässe im Alltag zu kostspieligen und langwierigen Prozessen vor Gericht führen, sei es, dass ein Handwerker bei Reparaturen gepfuscht hat, ein Autounfall zu klären ist oder sei es, dass eine Scheidung ansteht oder eine Klage gegen das Finanzamt geführt wird. Auch friedfertige und kompromissbereite Zeitgenossen müssen im Alltag ihr Recht vor Gericht suchen.

Prozesse sind teuer und kostspielig, vor allem wenn sie durch mehrere Instanzen gehen und noch Sachverständigengutachten und Zeugen hinzukommen. Im Zivilprozess muss der Verlierer auch die Anwaltskosten des Gegners übernehmen. Besonders bedenklich ist dies auch, wenn man einen Zivilprozess gewinnt, aber die Gegenpartei zahlungsunfähig ist. In solch einem Fall muss auch der Gewinner für die Gerichts- und Anwaltskosten vorläufig aufkommen. Solche Fälle sind besonders bei Prozessen im Mietrecht prekär. Auch bei Prozessen vor dem Arbeitsgericht muss jede Partei in der ersten Instanz für die eigenen Kosten aufkommen, selbst wenn man den Rechtsstreit gewinnen sollte. Ähnliches gilt, wenn ein Prozess durch einen Vergleich endet, was keineswegs selten ist. Ebenso belastend können Prozesse sein, bei denen es um die Leistung einer Unfall- oder Berufsunfähigkeitsversicherung geht. Bisweilen muss durch alle Instanzen geklagt werden, und häufig wird eine Vielzahl von Sachverständigengutachten angefordert.

In solchen Fällen kann eine Rechtsschutzversicherung durchaus sinnvoll und vernünftig sein. Denn die Rechtsschutzversicherung übernimmt die Kosten für das Gerichtsverfahren, die Gutachten und die Anwälte. Aber auch bei außergerichtlichen Verfahren, die meist der Streitschlichtung dienen, übernimmt die Rechtsschutzversicherung die Kosten. In zivilrechtlichen Verfahren kann insbesondere der zugrunde gelegte Streitwert schnell für hohe Gerichtskosten und Anwaltshonorare sorgen.

Eine einheitliche Rechtsschutzversicherung gibt es nicht; vielmehr sollte man sich heraussuchen, welche Bereiche des Rechtsschutzes man benötigt und welche nicht. Einzelne Rechtsbereiche können auch auf andere Weise abgedeckt sein. Beispielsweise haben die Mitglieder eines Mietervereins den Rechtsschutz für Mietrecht.

16.4.1 Arten des Rechtsschutzes

In vielen Fällen kann man den Rechtsschutz individuell zusammenstellen und einzelne Rechtsgebiete mit einschließen oder ausklammern. Häufig gibt es bereits fertige Rechtsschutzpakete für die Standardsituationen. Man sollte jedoch immer sorgfältig prüfen, welche Bausteine man tatsächlich benötigt. Bei der Mitgliedschaft in einem Automobilclub hat man oft bereits eine Verkehrsrechtsschutz-Versicherung abgeschlossen.

In den Standardpaketen ist meist der Arbeitsrechtsschutz enthalten, der beispielsweise in Anspruch genommen wird, wenn man sich gegen eine Abmahnung zu Wehr setzen oder eine Kündigungsschutzklage einreichen will. Der Wohnungs- und Grundstücks-Rechtsschutz ist für Hauseigentümer von Relevanz, und für Mieter gibt es analog einen Mietrechtsschutz. In den meisten Paketen ist auch das Vertrags- und Sachenrecht als Modul enthalten, das dem Versicherten hilft, wenn gekaufte Waren reklamiert werden müssen oder ein Handwerker eine Reparatur nicht richtig ausgeführt hat. Für Führungskräfte auch sehr bedeutsam ist der Steuer-Rechtsschutz, der sich nicht nur auf Steuern, sondern auch auf Abgaben, Gebühren oder Zölle bezieht.

Ein weiterer Bereich ist das Sozialrecht; diesen Baustein benötigt man, wenn man die gesetzliche Kranken- oder Rentenversicherung verklagen will oder die Berufsgenossenschaft nach einem Betriebsunfall eine Leistung nicht bewilligt.

Der Verwaltungsrechtsschutz kommt zur Anwendung, wenn beispielsweise der Führerschein in Gefahr ist oder man sich gegen ein Bußgeld im Straßenverkehr zur Wehr setzen möchte.

Der Disziplinar- und Standesrechtsschutz ist vor allem für Beamte und für Kammerberufe wie Ärzte, Anwälte oder Steuerberater gedacht.

Darüber hinaus gibt es noch den Straf- und Ordnungswidrigkeiten-Rechtsschutz, der dem Versicherten in einem Straf- oder Ordnungswidrigkeitenverfahren beisteht. Allerdings versteht es sich von selbst, dass nur Strafverfahren abdeckt sind, in denen es um Fahrlässigkeit geht. Vorsätzliche Straftaten werden von keiner Versicherung abgedeckt.

Das Gesamtpaket der Leistungsbausteine rundet der Beratungsrechtsschutz ab, der vor allem für das Familien- und Erbrecht gilt. Wie der Name bereits andeutet, übernehmen Rechtsschutzversicherungen in diesem Rechtsbereich nur die Beratung, nicht aber die Prozesskosten, wie sie beispielsweise bei einer Scheidung anfallen.

16.4.2   Die Versicherungsbedingungen

In den Allgemeinen Bedingungen für die Rechtsschutzversicherung (ARB) sind Regelungen festgehalten, die für die Kündigung, den Umfang und den Beginn des Versicherungsschutzes gelten. Dort sind auch die Pflichten aufgeführt, die ein Versicherungsnehmer bei einem Schadensfall zu beachten hat.

Besonderes Augenmerk sollte man den Ausschlussklauseln widmen. Denn anders als von vielen angenommen, sind einige Bereiche grundsätzlich nicht versicherbar. Aufgrund der hohen Beträge, bei denen es beim Hausbau geht, ist das Baurecht bei fast allen Versicherungen ausgeschlossen. Nur einige wenige Assekuranzen bieten den Baurechtsschutz als Zusatzversicherung an. Generell ausgeschlossen sind auch Streitigkeiten, die durch Spekulationsgeschäfte an der Börse oder durch Spiel- und Wettverträge entstehen. Auch Verfahren wegen Falschparkens sind bei den meisten Versicherern ausgeklammert.

Im Bereich des Erbrecht werden lediglich die Kosten für eine Anwaltsberatung übernommen; dasselbe gilt für das Familienrecht, so dass die Prozesskosten für eine Scheidung oder den Unterhalt nie mit versichert sind.

Bei den versicherten Leistungsbausteinen werden die Anwaltsgebühren und die Gerichtskosten, die Zeugengelder und die Kosten für Sachverständigengutachten übernommen. Bei einem verlorenen Prozess werden die Kosten der Gegenseite übernommen. Bei den Anwaltsgebühren sollte man berücksichtigen, dass nur die gesetzlichen Anwaltsgebühren von der Rechtsschutzversicherung gezahlt werden. Wer einen Staranwalt beauftragt und eine freie Honorarvereinbarung unterzeichnet, muss für die Kosten, die über den gesetzlichen liegen, selbst aufkommen. Allerdings sind einige Rechtsschutzversicherungen bereit, gegen höhere Beiträge auch solche Honorarvereinbarungen zu versichern.

Wer bei der Rechtsschutzversicherung sparen will, sollte eine Selbstbeteiligung vereinbaren, die meist zwischen 100 und 150 Euro je Versicherungsfall ausmachen kann.

16.4.3   Versicherungsumfang

Der Umfang des Versicherungsschutzes beruht auf dem individuell ausgehandelten Versicherungsvertrag mit den einzelnen Bausteinen und den Allgemeinen Bedingungen. Versichert sind im Normalfall der Versicherungsnehmer, der Ehepartner, minderjährige Kinder und Kinder bis zum 25. Lebensjahr, wenn sie sich noch in Ausbildung oder Studium befinden und keinen Beruf ausüben. Beim Verkehrsrechtsschutz benötigen diese Kinder jedoch einen eigenen Vertrag. Ein Lebenspartner kann mit versichert werden, wenn der Name bei der Versicherungsgesellschaft angegeben wird.

16.4.4   Wartezeiten

In der Rechtsschutzversicherung gibt es in einigen Bereichen Wartezeiten; so will man verhindern, dass Personen, die kurz vor einem Prozess stehen, noch schnell eine solche Versicherung abschließen. Die Wartezeit von drei Monaten besteht in den meisten Rechtsgebieten wie dem Arbeits-, Wohnungs- und Grundstücksrechtsschutz, dem Vertrags-, Sachen- und Sozialrecht und dem Steuerrechtsschutz. Beim Beratungsrechtsschutz im Familien- und Erbrecht und beim Strafrechtsschutz ist keine Wartezeit vorgesehen. Früher galten die Rechtsschutzversicherungen nur in Europa; inzwischen wurde in den neuen Verträgen der Rechtsschutz weltweit ausgedehnt. Er gilt aber lediglich bei privaten und nicht bei beruflichen Auslandsaufenthalten.
Die Höhe der Kostenerstattung ist in den Verträgen festgelegt.

16.4.5   Der Schadensfall

Wenn ein Schadensfall eintritt und man juristischen Rat und Beistand benötigt, sollte man sich sofort an die Rechtsschutzversicherung wenden. Viele
Versicherungsgesellschaften unterhalten dafür einen eigenen Beratungsser-
vice. Die Rechtsschutzversicherung ist bei der Suche nach einem sachkundigen Rechtsanwalt behilflich, der sich auf das jeweilige Rechtsgebiet spezialisiert hat. Der Anwalt, der nun konsultiert wird, benötigt in den meisten
Fällen die Versicherungspolice, um festzustellen, welche Leistungen in welcher Höhe versichert sind. Danach wendet er sich an das Versicherungsunternehmen, um die Kostendeckungszusage zu erhalten. Die Rechtsschutzversicherung prüft dabei, ob der anstehende Rechtsstreit hinreichend Aussicht
auf Erfolg hat. Wenn die Versicherung den Fall ablehnt, da sie die Erfolgsaussichten verneint, kann der Versicherte entweder Klage gegen die
Rechtsschutzversicherung einreichen oder sich außergerichtlich an den Ver-
sicherungsombudsmann wenden.

Versicherte sollten beachten, dass manche Rechtsschutzversicherungen nach
einem Rechtsstreit, unabhängig davon, ob er für den Versicherten günstig
oder ungünstig ausging, die Kündigung aussprechen. Dies ist in den Vertragsbedingungen regelmäßig für beide Seiten vorgesehen. Wenn einem
Versicherten die Rechtsschutzversicherung gekündigt wurde, gibt es häufig
Probleme, eine neue Rechtsschutzversicherung zu finden. Daher kann es
sinnvoll sein, bei einer drohenden Kündigung dem Versicherer anzubieten,
selbst zu kündigen, da dies die Suche nach einer neuen Rechtsschutzversicherung erleichtert.

16.5   Die Hausratversicherung

Die Hausratversicherung ist keine Versicherung, die auf der Prioritätenliste
ganz oben steht; dennoch kann sie sinnvoll sein, denn in Deutschland findet
zirka alle zwei Minuten ein Einbruch statt. Da Führungskräfte häufig einen
Hausrat von bedeutendem Wert haben, könnte eine Hausratversicherung
empfehlenswert sein – vor allem dann, wenn man kostbare Möbel und eine
wertvolle Innenausstattung besitzt.

Die Hausratversicherung schützt vor der Zerstörung und Entwendung der Haushaltsgegenstände durch Feuer, Sturm, auslaufendes Leitungswasser, Hagel, Einbruchsdiebstahl, Raub und Vandalismus. Der Versicherte kann in einem solchen Fall mit der Summe der Versicherung neue Möbel und Einrichtungsgegenstände anschaffen. Um Unklarheiten und lange Prüfungen von vornherein zu verhindern, sollte man eine Liste der Gegenstände im Haushalt erstellen und die einzelnen Dinge sorgfältig fotografieren. Es ist auch ratsam, von neu gekauften Gegenständen Kassenbons und Quittungen aufzubewahren.

Man sollte aber beachten, dass Schäden, die durch Leichtsinn verursacht wurden, nicht versichert sind. Lässt man beispielsweise ein Fenster offen stehen oder gekippt offen, dann braucht die Versicherung nur einen Teil des Schadens zu ersetzen. Dies gilt auch, wenn man eine brennende Kerze unbeaufsichtigt oder die Waschmaschine in Abwesenheit laufen lässt.

Einige Versicherungsgesellschaften bieten für manche Fälle großzügigere Vertragskonditionen. Nicht versichert sind aber generell der einfache Diebstahl, bei dem nichts aufgebrochen wird, und das Verlieren von Sachen.

Man sollte beachten, dass bei Vertragsabschluss der Neuwert des Hausrates (d.h. der Wiederbeschaffungswert) als Versicherungssumme angegeben werden sollte. Ist die Versicherungssumme zu gering, ist man unterversichert und riskiert, dass die Versicherung nur einen Teil des Schadens begleicht. Einige Versicherungen bieten eine Unterversicherungsverzicht an, wenn man sich nach einer bestimmten Formel versichert. Meist liegt diese Untergrenze bei 650 Euro je Quadratmeter. Man sollte vorsichtshalber nachrechnen – vor allem wenn man viele kostbare Gegenstände im Haus oder in der Wohnung hat, empfiehlt es sich die Versicherungssumme höher anzusetzen, um auf jeden Fall ausreichend versichert zu sein. Denn bei der Anwendung der Formel wird nur die maximal vereinbarte Versicherungssumme ausbezahlt. Der Versicherte sollte von Zeit zu Zeit überprüfen, ob er noch ausreichend versichert ist. Vor allem gilt im Schadensfall, dass der Versicherte die Beweislast trägt; daher ist eine Dokumentation durch Belege, Kassenbons, Quittungen sowie Fotos und Zeugen immer sinnvoll.

Die Hausratversicherung ist keine existenziell wichtige Versicherung, da man im Zweifelsfall die Neuanschaffung des Hausrats aus dem eigenen

Vermögen finanzieren kann. Aber sie ist für Führungskräfte dennoch absolut sinnvoll, da die Haus- und Wohnungsausstattung sehr kostbar ist und die Hausratversicherung sich als relativ preisgünstig erweist.

Im Zusammenhang mit der Hausratversicherung kann man sich auch gegen Glasbruch zusätzlich versichern. Experten raten eher ab, da eine zerbrochene Glasscheibe keine hohen finanziellen Kosten verursacht und die Prämie für die Versicherung über die Jahre meist teurer kommt als der Ersatz auf eigene Kosten. Nur bei großen Glasflächen in einer Villa, bei einem riesigen Panoramafenster oder einem Wintergarten lohnt sich der Abschluss einer Glasversicherung.

Ebenso verzichtbar ist im Regelfall die Fahrradversicherung, denn durch die bestehende Hausratversicherung sind die Fahrräder bereits gegen Feuer, Sturm, Hagel, Raub und Einbruchsdiebstahl versichert. Die Fahrradversicherung dient dazu, das Fahrrad gegen einfachen Diebstahl zu schützen. Das ist immer dann gegeben, wenn das Fahrrad außerhalb eines Hauses entwendet wird. Wer also ein kostbares Rad sein Eigen nennt und häufiger unterwegs ist, für den könnte sich eine Fahrradversicherung lohnen.

16.6   Kfz-Versicherungen

Zu den Kfz-Versicherungen gehört die gesetzlich vorgeschriebene Kfz-Haftpflicht und die freiwilligen Teil- und Vollkaskoversicherungen. Ohne eine Kfz-Haftpflicht darf kein Fahrzeug betrieben werden. Die Kfz-Haftpflicht kommt für Schäden auf, die durch Fahrzeuge verursacht werden. Sie zahlt Schadensersatz an Unfallopfer, Schmerzensgeld, den Verdienstausfall und eventuell eine lebenslange Rente. Auch die entstandenen Sachschäden am anderen Fahrzeug werden beglichen. Falls das Fahrzeug nicht mehr zu reparieren ist, werden der Wiederbeschaffungspreis und die Kosten für einen Mietwagen bezahlt. Die Mindestversicherungssumme liegt bei 2,5 Millionen Euro pro Person und einer halben Million für Sachschäden. Der Versicherte kann aber wesentlich höhere Deckungssummen bis zu 100 Millionen Euro abschließen.

16.6.1   Die Kaskoversicherungen

Die Mehrheit der Autofahrer schließt eine Kaskoversicherung ab, obwohl diese gesetzlich nicht vorgeschrieben ist. Die Teilkaskoversicherung kommt für den Schaden auf, wenn das Auto gestohlen oder aufgebrochen wurde. Auch das serienmäßige Zubehör ist in den Versicherungsschutz mit einbezogen. Was als Zubehör angesehen wird, ist in einer Liste angegeben, die mit den Vertragsunterlagen ausgehändigt wird. Die Teilkaskoversicherung zahlt aber auch bei Schäden am Fahrzeug, die durch einen Sturm oder Hagel, eine Überschwemmung, durch Feuer oder durch Wildwechsel verursacht werden. Ist das Auto komplett zerstört, bezahlt die Teilkaskoversicherung bei den oben genannten Ursachen den Wiederbeschaffungspreis. Auch der Zusammenstoß mit Vögeln oder die Beschädigung durch Marder ist in der Teilkaskoversicherung enthalten. Autofahrer erhalten eine günstigere Versicherung, wenn sie eine Selbstbeteiligung vereinbaren.

Die Vollkaskoversicherung bietet einen umfassenderen Schutz, denn sie kommt für Unfallschäden am eigenen Auto auf, die man selbst verursacht hat. Auch Schäden, die durch Vandalismus entstehen, sind abgedeckt. Um die Kosten für die Versicherungsprämie zu senken, sind Selbstbeteiligungen möglich. Bei besonders exklusiven und teuren Fahrzeugen wird der Versicherungsantrag gründlich geprüft, und der Antragsteller muss mit relativ hohen Versicherungsprämien rechnen.

16.6.2   Die Kfz-Schutzbriefe

Eine Schutzbriefversicherung hilft dem Versicherten, wenn er unterwegs oder auf einer Urlaubsreise eine Panne oder einen Motorschaden hat. Der Versicherer organisiert die sofortige Pannenhilfe, sorgt erforderlichenfalls für den Rücktransport des Fahrzeugs und übernimmt die Kosten für einen Mietwagen. Auch die Bergung, Sicherstellung und Verschrottung des Autos gehören zum Aufgabenkreis einer Schutzbriefversicherung. Darüber hinaus werden die Fahrtkosten für die Heim- oder Weiterreise bezahlt. Kfz-Schutzbriefe werden häufig in Kombination mit einer Kfz-Versicherung offeriert. Da Schutzbriefe relativ günstig sind, empfiehlt sich ein Abschluss einer solchen Schutzbriefversicherung, zumal Führungskräfte und Außendienstmitarbeiter häufig mit dem Auto unterwegs sind.

16.6.3   Die Höhe des Versicherungsbeitrags
bei Kfz-Versicherungen

Die Höhe des Versicherungsbeitrages wird von einer Reihe unterschiedlicher Faktoren bestimmt. Es gibt Ermäßigungen für bestimmte Berufsgruppen. Entscheidend ist jedoch der individuelle Schadenfreiheitsrabatt, der sich nach der Zahl der bisher vorgefallenen Unfälle und Schäden richtet. Darüber hinaus werden bei der Beitragsermittlung die Typ- und die Regionalklasse mit einbezogen.

Autofahrer mit weniger Verkehrserfahrung zahlen weitaus höhere Beiträge in der Kfz-Haftplichtversicherung als Fahrer, die jahrelang unfallfrei gefahren sind. Je länger diese Schadensfreiheit besteht, desto geringer ist die Versicherungsprämie und kann auf maximal 30 % sinken. Zur genauen Ermittlung bedienen sich die Versicherer der Schadenfreiheitsklassen und verwenden Rückstufungstabellen, die sich aber von Versicherung zu Versicherung unterscheiden.

Da Unfälle zu einer schlechteren Einstufung führen, bezahlen manche Autofahrer kleinere Schäden selbst. Der Versicherer kann den Fahrer beraten, ob es sich lohnt, den Schaden selbst zu begleichen oder über die Versicherung abzuwickeln.

Die in Deutschland zugelassenen Fahrzeugmodelle werden in Typklassen kategorisiert, die die Schadenshäufigkeit widerspiegeln. In der Kfz-Haftpflichtversicherung gibt es 16 verschiedene Typenklassen; in der Teilkasko unterscheidet man 24 Klassen und in der Vollkaskoversicherung 25 Klassen. Eine niedrigere Typklasse führt zu einer niedrigeren Versicherungsprämie. Auch der Ort, an dem man wohnt, wird bei der Bestimmung der Prämienhöhe berücksichtigt. In Deutschland ist die Häufigkeit der Schäden je nach Region unterschiedlich. So bezieht die Statistik der Kaskoversicherung bestimmte Gefahrenmomente wie Hagelschlag, Kriminalitätsrate oder Hochwassergefahr in die Kalkulation mit ein. Eine erneute Bewertung der jeweiligen Region findet immer zum 1. Oktober eines Jahres statt.

16.6.4   Rechte und Pflichten

Der Autofahrer hat die Pflicht, Schäden möglichst zu vermeiden. Die Kfz-Haftplichtversicherung kann den Fahrer in Regress nehmen, wenn er dies nicht beachtet. Häufig ist dies der Fall, wenn ein Unfall unter Alkoholeinfluss verursacht wurde. Die Kfz-Haftpflicht-Versicherung zahlt die Schäden des Unfallopfers, holt sich aber bis zu 5000 Euro vom Fahrer, der unter Alkoholeinfluss den Schaden verursachte, zurück. Auch andere schwere Verletzungen der so genannten Obliegenheiten können einen solchen Regress auslösen. Hierzu gehören beispielsweise das Fahren ohne Führerschein oder die Benutzung eines stillgelegten Autos.

Ein Regressanspruch entsteht auch bei grober Fahrlässigkeit; dies gilt beispielsweise, wenn man bei Rot über die Ampel fährt, im Vollrausch einen Wagen fährt, den Fahrzeugbrief im Auto deponiert oder ohne Freisprechanlage telefoniert. Jeder Autofahrer sollte sich bewusst sein, dass solche Verstöße zu erheblichen Regressansprüchen führen. Die Kaskoversicherung zahlt bei grob fahrlässig verursachten Unfällen überhaupt nicht. Es ist jedoch zumindest bei der Kaskoversicherung möglich, die grobe Fahrlässigkeit für eine Nichtleistung vertraglich auszuschließen.

Ein Schaden sollte der Versicherung innerhalb einer Woche gemeldet werden. Auf keinen Fall sollte der Autofahrer am Unfallort ein Schuldanerkenntnis unterschreiben, denn die Versicherung wehrt unberechtigte Forderungen juristisch ab.

16.6.5   Vertragsdauer und Kündigung

Kfz-Versicherungsverträge werden häufig für ein Jahr abgeschlossen. Der Vertrag verlängert sich automatisch um ein weiteres Jahr, wenn nicht rechtzeitig gekündigt wird. Wenn ein Schaden eintritt, können sowohl der Versicherte als auch die Versicherungsgesellschaft innerhalb eines Monats kündigen. Wird der Versicherungsbeitrag erhöht, kann der Versicherte sein außerordentliches Kündigungsrecht geltend machen und in einer kürzeren Frist kündigen. Die schriftliche Kündigung muss rechtzeitig dem Versicherer zugesandt werden.

16.7   Versicherungen für Bauherren und Immobilieneigentümer

Die meisten Führungskräfte verfügen über ein eigenes Haus oder hegen den Gedanken, ein Haus zu bauen. Gerade in solchen Fällen können viele Schäden und Risiken entstehen, die dem Einzelnen gar nicht bewusst sind.

Im Bereich Bauen und Immobilieneigentum gibt es eine ganze Reihe spezia-
lisierter Versicherungen, die man kennen sollte und die für Immobilienei-
gentümer und Bauherren von größter Bedeutung sind.

16.7.1   Die Bauherren-Haftpflichtversicherung

Eine Bauherren-Haftpflichtversicherung ist wichtig, da der Bauherr für alle
Schäden haftet, die durch das Bauprojekt entstehen. Dies gilt auch, wenn die
eigentliche Erstellung des Baus durch einen Architekten, Bauunternehmer
und Handwerker erfolgt. Unfälle beim Bau sind keineswegs selten; beispielsweise kann es vorkommen, dass Baumaterial liegen bleibt und zur
Stolperfalle für Fußgänger wird. Möglicherweise ist die Baustelle nicht ausreichend beleuchtet oder abgesperrt, oder es fallen Teile vom Gerüst oder
vom Kran und beschädigen Autos in der Nähe. Der Bauherr ist verpflichtet,
stichprobenweise die Sicherheit der Baustelle zu überprüfen.

Der Bauherr sollte auf jeden Fall schon vor Baubeginn eine Bauherren-
Haftpflichtversicherung abschließen. Die Versicherungsprämie beträgt unge-
fähr ein Promille der gesamten Bausumme. Die Deckungssumme sollte sich
mindestens auf zwei bis drei Millionen Euro belaufen.

16.7.2   Die Feuer-Rohbau-Versicherung

Auch der bereits fertige Rohbau kann Schaden nehmen durch einen Brand
oder Blitzschlag. Der Bauherr sollte auf jeden Fall auch den Rohbau durch
eine Feuer-Rohbau-Versicherung schützen. Die meisten Wohngebäudever-
sicherungen umfassen je nach Vertragsgestaltung eine Feuerversicherung.
Deshalb kann es ratsam sein, eine Wohngebäudeversicherung abzuschließen,
auch wenn das Haus sich erst im Bau befindet.

16.7.3   Die Bauleistungsversicherung

Die Bauleistungsversicherung sorgt für einen abgesicherten Ablauf des
Hausbaus. Beispielsweise wenn während des Baus das Gebäude durch Na-
turgewalten oder fahrlässiges Handeln von Handwerkern und Bauarbeitern
beschädigt wird. Versichert sind auch Baustoffe und eingebautes Material
gegen Diebstahl. Der Versicherungsschutz gilt für die gesamte Bauzeit und
schließt meist eine Selbstbeteiligung in Höhe von zehn Prozent mit ein.

16.7.4   Die Bauhelfer-Unfallversicherung

Viele Bauwillige setzen auch auf die ironisch genannte Muskelhypothek, d.h. dass umfangreiche Eigenleistungen erbracht werden, die das Bauen kostengünstiger machen sollen. Zu beachten ist, dass alle Bauhelfer, seien es Verwandte, Freunde und Bekannte, bei der Berufsgenossenschaft angemeldet werden müssen. Für den Bauherrn und den Ehepartner ist ein zusätzlicher Schutz erforderlich, da sie nicht als Bauhelfer, sondern als Bauherren angesehen werden und damit unternehmerisch tätig sind. Sie benötigen auf jeden Fall eine private Bauhelfer-Unfallversicherung, die nicht nur die Schäden des Bauherren und des Ehegatten, sondern auch die der Bauhelfer über die bestehende Versicherung der Berufsgenossenschaft hinaus abdeckt.

16.7.5   Die Glasversicherung

Die Glasversicherung beim Bau ist eigentlich nicht notwendig, da der Glasbruch bereits in der Bauleistungsversicherung enthalten ist. Wenn aber häufiger Fenster, Türen oder Gläser beim Bauen zu Bruch gehen, kann dies in der Bauleistungsversicherung kostspielig werden, da zuerst die Selbstbeteiligung für jeden einzelnen Schaden bezahlt werden muss. Wenn daher beim Bau große Glasflächen, Türen, Panoramafenster oder ein Wintergarten eingeplant sind, empfiehlt sich eine zusätzliche Glasversicherung, die auch den Schaden bei Spiegeln, Kunststoffgläsern und Glasbausteinen mit einschließt.

16.7.6   Die Haftpflichtversicherung für unbebaute Grundstücke

Bevor ein Haus erbaut wird, kauft der zukünftige Bauherr oft schon spekulativ ein unbebautes Grundstück, wenn er dort eine größere Wertsteigerung oder die Ernennung zum Bauland erwartet. Auch unbebaute Grundstücke stellen ein Risiko dar, für das der Eigentümer haftet, beispielsweise wenn dort Gegenstände herumliegen oder im Winter jemand auf dem Eis ausrutscht. Für diesen Spezialfall gibt es eine Haftpflichtversicherung für unbebaute Grundstücke. Eine solche Versicherung ist nur erforderlich, wenn das unbebaute Grundstück wieder veräußert werden soll oder langfristig noch keine Bebauung vorgesehen ist.

16.7.7   Die Restschuldlebensversicherung

Wer baut, muss häufig Schulden machen und einen Kredit aufnehmen. Stirbt der Hauptverdiener während der Laufzeit des Darlehens, bleibt die Familie mit einem Schuldenberg zurück, der unter Umständen zum Verkauf des Hauses zwingt. Um diesem Risiko vorzubeugen, ist der Abschluss einer Restschuldlebensversicherung sinnvoll. Bei dieser speziellen Art der Risiko-Lebensversicherung wird keine gleich bleibende Versicherungssumme über die gesamte Laufzeit vereinbart. Versichert ist immer nur das jeweils noch abzuzahlende Restdarlehen.

16.7.8   Die Wohngebäudeversicherung

Auch das sicherste Haus kann Schaden nehmen. Ein heftiger Sturm deckt das Dach ab – Regen und Hagel dringen ein und verursachen umfangreiche Schäden, Wasser fließt durch Decken und Wände. Bei solchen Feuer-, Leitungswasser- und Sturmschäden kommt die Wohngebäudeversicherung auf. Die Versicherungssumme richtet sich nach dem Wert des Hauses. Um eine Unterversicherung zu vermeiden ist es üblich, das Haus zum gleitenden Neuwert zu versichern. In diesem Fall werden der Versicherungsschutz und der Beitrag regelmäßig den Veränderungen der Baupreise angepasst.

Im Schadensfall kommt die Versicherung bei einem vereinbarten gleitenden Neuwert für den gesamten Schaden auf. In anderen Ansätzen berechnet sich die Versicherungsprämie ähnlich wie bei der Hausratversicherung nach einer Mindestprämie je Quadratmeter, wodurch die Untersicherung ausgeschlossen ist.

16.7.9   Die Grund- und Hausbesitzerhaftpflicht

Eine lose Gehwegplatte, vereiste Bürgersteige oder herabfallende Dachziegel können Passanten gefährden und verletzen. Für diese Schäden kommt die Haus- und Grundbesitzerhaftpflichtversicherung auf. Erforderlich ist diese Versicherung für alle, die ihre Immobilie nicht selbst nutzen, sondern vermieten. Wer sein Haus selbst bewohnt und eine Privat- Haftpflicht hat, benötigt diese Versicherung nicht.

16.7.10   Die Elementarschadenversicherung

Wie wichtig eine Elementarschadenversicherung ist, haben die Überschwemmungen und Stürme in den letzten Jahren gezeigt. Eigentümer, die
keine Elementarschadenversicherung haben, sind gegen bestimmte Natur-
gewalten nicht versichert, auch wenn sie bereits eine Wohngebäude- und
eine Hausratversicherung haben. Solche Naturereignisse sind beispielsweise
Überschwemmungen, Lawinen, Erdbeben oder eine Erdsenkung, wie sie in
Bergbaugebieten vorkommt.

In manchen Regionen, die überschwemmungsgefährdet sind, mag zwar eine
Elementarschadenversicherung relativ teuer und kostspielig sein, aber sie
lohnt sich in diesen Fällen immer. Natürlich kann es sein, dass in Gegenden,
die regelmäßig überflutet werden oder sich in Flussnähe befinden, keine
Elementarschadenversicherung angeboten wird.

Nur für Gebäude, die sich außerhalb solcher Gefahrenzonen befinden, die
also weder in Gebirgsnähe noch in der Nähe von Flüssen oder Küsten sind,
ist eine Elementarschadenversicherung nicht unbedingt notwendig. Aber da
die Stürme aufgrund des Klimawandels immer mehr zunehmen, kann auch
in vermeintlich sicheren Regionen eine Elementarschadenversicherung von
Nutzen sein. Nicht selten sind bei orkanartigen Stürmen schon ganze Dächer
abgedeckt worden und Bäume auf das Haus gestürzt.

16.8   Die private Krankenversicherung

Die Entscheidung für eine gesetzliche oder private Krankenversicherung
steht bei fast allen Führungskräften an und ist eine der schwierigsten Entscheidungen, die man treffen muss. Eine Fehlentscheidung kann hier noch
nach Jahrzehnten erhebliche Folgen haben und sich auf die gesamte finanzielle Situation auswirken. Daher sollte jeder Beschluss in dieser Frage reif-
lich überlegt sein.

Die private Krankenversicherung steht nicht allen offen; im Augenblick
können nur Selbstständige, Beamte und Angestellte, die bestimmte Voraussetzungen erfüllen sich in der privaten Krankenversicherung versi-

chern. Obwohl in den Medien häufig die Vorteile des Privatpatienten geschildert werden, ist nur ein geringer Prozentsatz der Bevölkerung privat versichert. Ein Großteil besteht aus Beamten, die von ihrem Dienstherrn in der Regel eine Beihilfe von mindestens 50 % erhalten. Die restliche Hälfte wird über eine private Krankenversicherung abgedeckt, deren Beiträge selbstverständlich entsprechend geringer sind, da der Staat für den anderen Teil aufkommt. Selbstständige, die die private Krankenversicherung wählen, müssen hingegen sich zu hundert Prozent versichern, was wesentlich kostspieliger ist. Angestellte erhalten vom Arbeitgeber den Arbeitgeberanteil an der Krankenversicherung, den auch gesetzlich Versicherte bekommen.

Jedoch kann nicht jeder Angestellte der privaten Krankenversicherung beitreten. Im Jahr 2003 wurde neben der Beitragsbemessungsgrenze, die zuvor als alleiniges Kriterium galt, noch die Jahresarbeitsentgeltgrenze eingeführt. Wenn der Arbeitnehmer in drei aufeinander folgenden Jahren jeweils mehr als 47.700 Euro brutto (Stand: 2007) verdient, hat er die Wahl zwischen der gesetzlichen und der privaten Krankenversicherung. Für Arbeitnehmer, die bereits vor dem 31. Dezember 2002 in der privaten Krankenversicherung Mitglied waren, gilt die niedrigere Jahresarbeitsentgeltgrenze von 42.750 Euro im Jahr 2007.

Da die meisten Führungskräfte die Beitragsbemessungsgrenze überschreiten, sind sie sofort mit der Frage konfrontiert, ob sie sich privat versichern sollen. Eine generelle Antwort gibt es nicht, da die Lösung von der individuellen Situation des Arbeitnehmers abhängt. Man kann allerdings einige Entscheidungshilfen geben.

Zunächst sollte man wissen, dass die Höhe der Beiträge in der gesetzlichen Krankenversicherung sich an der Höhe des Einkommens ausrichten. Je höher das Einkommen desto höher ist auch der Krankenkassenbeitrag. Dieses Solidarprinzip soll sicherstellen, dass einkommensschwache Arbeitnehmer und deren Angehörige ausreichende medizinische Leistungen erhalten. Die Beiträge zur gesetzlichen Krankenversicherung werden jedoch nicht unbegrenzt erhoben, denn sonst müssten sehr gut verdienende Führungskräfte, die mehrere Hunderttausend Euro Gehalt beziehen, ziemlich hohe Beiträge leisten. Die Obergrenze für die gesetzliche Krankenversicherung liegt bei der

Beitragsbemessungsgrenze. Mit der Umsetzung der Gesundheitsreform und der Einführung des Gesundheitsfonds dürfen die gesetzlichen Krankenkassen ihren Beitragssatz nicht mehr selbst festlegen, sondern ein ministerielles Gremium beschließt einen Einheitssatz, der für alle gesetzlichen Krankenkassen gilt. Diese Regelung tritt am 1. Januar 2009 in Kraft. Krankenkassen, die mit dem einheitlichen Beitragssatz nicht zu Rande kommen, erhalten weitere Beiträge aus dem Gesundheitsfonds, wenn sie größere Risiken, d.h. ältere Patienten oder Patienten mit mehreren chronischen Krankheiten, aufweisen. Falls die Krankenkassen dann immer noch nicht finanziell ausreichend gesichert sind, können sie einen Zuschlag von den Versicherten verlangen. Dabei entsteht ein Sonderkündigungsrecht, auf das die Krankenkasse die Versicherten hinweisen muss. Die Versicherten können dann sofort in eine andere gesetzliche Krankenkasse ihrer Wahl wechseln. Sollte die Krankenkasse gar Überschüsse erwirtschaften, was aber als unwahrscheinlich gelten kann, dann darf sie den Versicherten die Überschüsse auszahlen oder andere Vergünstigungen anbieten.

Nach Expertenmeinung wird mit dem Inkrafttreten der Gesundheitsreform und der Einführung des Gesundheitsfonds eine weitere Kostensteigerung auf die Versicherten zukommen, denn der einheitliche, staatlich festgelegte Beitragssatz wird voraussichtlich deutlich über dem jetzigen Durchschnittsbeitragssatz liegen.

Der Gesundheitsfonds wird auch in der Öffentlichkeit sehr kontrovers diskutiert, und es gilt als wahrscheinlich, dass eine erneute Gesundheitsreform in der nächsten Legislaturperiode durchgeführt wird. In der privaten Krankenversicherung hingegen richtet sich die Höhe der Versicherungsprämie nach dem individuellen Gesundheitszustand des Versicherten, nach dem Alter und eventuellen Vorerkrankungen.

Für wen ist nun die private Krankenversicherung sinnvoll? Vor allem junge Versicherte profitieren von der privaten Krankenversicherung, denn bei ihnen liegen meist keine Vorerkrankungen und keine Gesundheitsrisiken vor, so dass sie die niedrigsten Beiträge zahlen. Für eine Führungskraft unter 30 Jahren, die ein hohes Einkommen bezieht, kann sich der Wechsel unter Umständen lohnen, denn sie bezahlt für die private Krankenversicherung wesentlich weniger als für die gesetzliche Krankenkasse. Dies gilt vor allem dann, wenn man nicht die Gründung einer Familie plant. Kinder und Ehegatten müssen in der privaten Krankenversicherung getrennt versichert werden, was den Beitrag deutlich ansteigen lässt. Eine kostenlose Familienversicherung wie bei den gesetzlichen Krankenkassen gibt es in der privaten Krankenversicherung nicht. Zwar sind die Beiträge für Kinder günstiger als für Erwachsene, aber bei einer großen Familie können die Beiträge insgesamt recht hoch sein.

Probleme entstehen, wenn die Versicherten älter werden. Dann können die Beiträge beträchtlich steigen. Einige Selbstständige konnten bei schlechter Wirtschaftslage die Beiträge nicht mehr aufbringen und wurden gekündigt, so dass sie ohne jeglichen Krankenversicherungsschutz waren. Durch die Gesundheitsreform wurde inzwischen die allgemeine Versicherungspflicht eingeführt, so dass auch private Krankenversicherungen ihre gekündigten Mitglieder wieder aufnehmen müssen.

Führungskräfte sollten sich den Schritt, eine private Krankenversicherung abzuschließen, gut überlegen, denn in der Regel gibt es keine Möglichkeit, wieder zur gesetzlichen Krankenversicherung zurückzukehren. Dies ist nur möglich, wenn das Einkommen unter die Beitragsbemessungsgrenze sinkt oder der Betreffende arbeitslos wird. Ab 55 Jahren ist in der Regel eine Rückkehr zur gesetzlichen Krankenversicherung komplett ausgeschlossen. Auch beim Bezug von Arbeitslosengeld II soll dies ab 2009 nicht mehr möglich sein.

Gesetzlich Versicherte profitieren davon, dass die Kinder bis zum 25. Lebensjahr kostenlos mit versichert sind, wenn sie sich beispielsweise in Ausbildung oder im Studium befinden. Behinderte Kinder werden ohne Altersbegrenzung gesetzlich mit versichert. Auch im Rentenalter erweist sich die gesetzliche Rentenversicherung oft als vorteilhafter, da die Höhe der Beiträge sich an dem orientiert, was Rentner finanziell zahlen können.

Bei der privaten Krankenversicherung können bei stark steigenden Kosten im Gesundheitsweisen die Beiträge enorm steigen und laufend angepasst werden, ohne dass dabei die finanzielle Leistungsfähigkeit des Versicherten berücksichtigt werden muss. Die Steigerungsraten können bei weit über fünf Prozent pro Jahr liegen. Zwar haben die Versicherten mit erheblichen Einschränkungen die Möglichkeit, in den Standardtarif zu wechseln, doch dessen Leistungen entsprechen im Großen und Ganzen dem Leistungskatalog der gesetzlichen Krankenkassen. Ab 2009 wird der Wechsel in einen Basistarif, der den bisherigen Standardtarif ablöst, durch die Gesundheitsreform noch weiter vereinfacht. Es besteht ein Annahme- oder – wie der Fachbegriff lautet – Kontrahierungszwang. Als Kriterien für die Höhe des Basistarifs dürfen nur das Geschlecht und das Eintrittsalter zugrunde gelegt werden. Der Gesundheitszustand ist als Kriterium nicht zugelassen. Neukunden können ab 2009 jederzeit den Basistarif wählen.

Bisher gilt, dass der so genannte Standardtarif nur gewählt werden kann, wenn der Versicherte zehn Jahre in der privaten Krankenversicherung war und das 55. Lebensjahr vollendet hat. Beim Standardtarif erhalten die Privatversicherten nur die Leistungen, die auch die gesetzlichen Versicherten bekommen – dies gilt vor allem für eine stationäre Behandlung im Krankenhaus. Ansonsten ist der Wechsel in einen anderen Tarif mit gewissen Auflagen verbunden. So kann der Versicherer beispielsweise eine Wartezeit oder einen Risikozuschlag verlangen; auch Leistungsausschlüsse sind bei entsprechenden Vorerkrankungen oder Gesundheitsrisiken möglich.

Welche Vorteile haben Privatversicherte? Das hängt in erster Linie davon, welche zusätzlichen Leistungen im Versicherungsvertrag vereinbart werden. Zu den wichtigsten Vorzügen zählt die Unterbringung im Ein- oder Zweibettzimmer und die Behandlung durch den Chefarzt. Darüber hinaus übernimmt die private Krankenversicherung bei entsprechender vertraglicher Vereinbarung die Behandlung durch einen Heilpraktiker und durch Naturheilverfahren wie Homöopathie, Akupunktur und andere. Auch bei den zahnärztlichen Leistungen haben Privatversicherte die Möglichkeit teure medizinische Behandlungen wie Implantate vollständig zu versichern, was jedoch zu sehr hohen monatlichen Versicherungsprämien führen kann. Diese Beiträge kann man durch eine höhere Selbstbeteiligung verringern.

16.8.1   Altersrückstellungen in der privaten Krankenversicherung

Die Altersrückstellungen werden idealerweise nach dem Kapitaldeckungsverfahren so kalkuliert, dass die Versicherungsbeiträge aufgrund des zunehmenden Alters der Versicherten nicht erhöht werden müssen. Die Prämienkalkulation bezieht sich aber nur auf das Morbiditätsrisiko, d.h. die höhere Erkrankungswahrscheinlichkeit im Alter. Was bei dieser Kalkulation außer

Betracht bleibt, sind die enormen Kostensteigerungen aufgrund des techno-
logischen Fortschritts und der Inflation.

Seit vielen Jahrzehnten steigen Kosten in der Medizin beträchtlich, da neue
Diagnoseverfahren, neue medizinische Geräte (Beispiel: Magnetresonanz-
Tomographie) und biotechnologisch hergestellte Medikamente die Kosten in
die Höhe treiben. Aus diesem Grund steigen in der privaten Krankenversicherung die Beiträge im Laufe der Zeit deutlich an. Bislang konnten nur
wenige Versicherte ihre private Krankenversicherung wechseln, da es bislang nicht möglich war, die Altersrückstellungen mitzunehmen. Mit der Gesundheitsreform, die im Jahre 2009 in Kraft tritt, ist die Übertragbarkeit
(Portabilität) von Altersrückstellungen möglich. Jedoch gelten auch hier
Einschränkungen: Der Versicherte kann die Altersrückstellungen nur in dem
Umfang mitnehmen, der dem Basistarif entspricht. Da der Basistarif aber
erst 2009 mit der Gesundheitsreform eingeführt wird, ist unklar, wie hoch
die übertragbaren Altersrückstellungen sein werden. Schätzungen zufolge
könnten sie zwei Drittel des tatsächlichen Wertes betragen. Wechselt hingegen der Privatversicherte in die gesetzliche Krankenkasse, verfallen die
Altersrückstellungen.

16.8.2   Die Krankenversicherungspflicht für alle

Ab dem 1. Januar 2009 gilt in Deutschland eine Krankenversicherungs-
pflicht für alle, d.h. auch Personen, die ihren Krankenschutz verloren haben,
müssen wieder in die Krankenversicherung aufgenommen werden. Alle einst
gesetzlich Versicherten müssen wieder von ihrer Krankenkasse als Mitglieder akzeptiert werden. Dies gilt auch für Personen, die längere Zeit im Ausland tätig waren und vorher in Deutschland als Arbeitnehmer beschäftigt
waren.

Personen, die bislang nicht in der gesetzlichen Krankenversicherung Mitglied waren, müssen sich dann privat versichern – beispielsweise in einem
Basistarif. Die privaten Krankenversicherungen können dann keine Versi-
cherungsberechtigten ablehnen. Wenn der Basistarif gewählt wird, sind weder Risikozuschläge noch Leistungsausschlüsse erlaubt. Jedoch gibt es Ausnahmen, wenn beispielsweise das Versicherungsunternehmen den Vertrag
wegen arglistiger Täuschung angefochten hat oder die vorvertraglichen
Pflichten verletzt wurden. Nicht gezahlte Beiträge müssen nachträglich be-

zahlt werden; wer die Beitragszahlung nicht leistet, obwohl er dazu in der Lage wäre, erhält nur noch eingeschränkte Leistungen bei Schmerzen und bei Schwangerschaft. Wer sich zu spät versichert, muss Prämienzuschläge entrichten; auf diese Weise will man verhindern, dass sich jemand erst dann anmeldet, wenn er bereits erkrankt ist oder der Gesundheitszustand sich erheblich verschlechtert hat.

16.8.3   Die Antragstellung

Bei der Antragstellung bezogen auf die private Krankenversicherung wird sehr genau nach dem Gesundheitszustand und den Vorerkrankungen gefragt; Antragsteller sollten daher immer wahrheitsgemäß und ausführlich antworten. Wird ein Antrag vorsätzlich falsch ausgefüllt, werden Vorerkrankungen verschwiegen oder Krankheiten vergessen, dann hat der Versicherer die Möglichkeit, den Vertrag wegen Arglist anzufechten, vom Vertrag zurückzutreten und die Leistung zu verweigern. Die bereits bezahlten Beiträge erhält der Versicherte nicht zurück. Hat der Antragsteller gelogen und vorsätzlich falsche Angaben gemacht, kann sogar eine Nachzahlung fällig werden, denn der Versicherer kann die zu Unrecht bezogenen medizinischen Leistungen nachträglich in Rechnung stellen.

Man sollte sich daher bei der Antragsteller nie dazu hinreißen lassen, ungenaue Angaben zu machen, auch wenn der Versicherungsvertreter beschwichtigt und behauptet, einzelne Punkte seien nicht bedeutsam. Da erst ab 2009 eine Protokollierungspflicht besteht, sind solche mündlichen Beteuerungen vor Gericht nichts wert. Man sollte daher stets so ausführlich und sorgfältig wie möglich den Antrag ausfüllen und keine scheinbar unwichtigen Krankheiten vergessen. Der Antrag muss lückenlos den Gesundheitszustand wiedergeben und auch Details mit einbeziehen. Wenn der Versicherer ein höheres Risiko sieht, kann er Zuschläge verlangen – etwa bei zu hohem Blutdruck oder Übergewicht – oder den Antrag zurückweisen. Es ist auch möglich, für einzelne Krankheiten Ausschlüsse zu definieren, das bedeutet, dass der Versicherte für diese Krankheiten keinen Versicherungsschutz hat und für die Kosten vollständig selbst aufkommen muss, was bei einer teuren Operation bereits schwerwiegende finanzielle Folgen haben kann.

16.9   Die Private Pflegeversicherung

Aufgrund der steigenden Lebenserwartung nimmt das Risiko deutlich zu, eines Tages pflegebedürftig zu werden. Im Alter stellen sich oft chronische Krankheiten ein, die die Menschen gebrechlich machen, so dass sie auf Hilfe im Haushalt angewiesen sind.

Die Leistungen der gesetzlichen Pflegeversicherung sind nicht gerade üppig und reichen nicht aus, um ein Pflegeheim zu finanzieren. In vielen Fällen werden ohnehin nur die Pflegeleistungen der Stufe I gewährt. Sollte jemand so schwer pflegebedürftig werden, dass er in ein Pflegeheim muss, dann fallen monatliche Kosten in Höhe von 3000 bis 4000 Euro an. Wer diese Beiträge aufgrund einer zu niedrigen Altersversorgung nicht aufbringen kann, muss sich an das Sozialamt wenden. Das eigene Haus und das eigene Vermögen müssen zuerst verwertet werden. Schenkungen an die Kinder, die nicht länger als 10 Jahre zurückliegen, können von den Beschenkten vom Sozialamt zurückgefordert werden. Darüber hinaus müssen die Kinder einen Teil ihres Gehalts für die Pflege aufbringen. Zwar wurden diese Leistungen durch ein Urteil des Bundesverfassungsgerichts eingeschränkt, das bestimmte, dass die Altersversorgung der Kinder sicher gestellt sein muss. Aber die Frage, wie viel die Kinder für die Pflege ihrer Eltern zahlen müssen, ist nach wie vor unklar und wird von den Sozialämtern unterschiedlich gehandhabt.

Aus diesem Grunde sollten sich Führungskräfte, die mitten im produktiven Leben stehen und sich auf dem Höhepunkt ihrer Karriere befinden, sich Gedanken über ihren Lebensabend, die Versorgung ihrer Kinder und über eine mögliche Pflegebedürftigkeit machen. Der Abschluss einer privaten Pflegeversicherung kann hierbei hilfreich sein, damit auch die Unterbringung in einem Pflegeheim abgesichert ist. Eine solche private Pflegeversicherung sollte man jedoch rechtzeitig abschließen. Personen, die bereits ihren Ruhestand angetreten haben, erhalten meist keine Pflegeversicherung mehr. Hierbei spielen Vorerkrankungen und der allgemeine Gesundheitszustand eine Rolle. Wenn das Risiko zu hoch ist, verlangt der Versicherer entweder Zuschläge oder lehnt die Annahme ab.

Bei Pflegeversicherungen gibt es drei verschiedene Ansätze:

- Bei der ersten Variante werden die Leistungen schon bei der Pflegestufe I erbracht. Die Pflegestufe wird vom medizinischen Dienst der Krankenversicherungen festgelegt; in letzter Zeit bekommen aber auch Patienten, die stärker pflegebedürftig sind, bisweilen nur die Pflegestufe I. Im Zweifelsfall sollte man Widerspruch bei der zuständigen Behörde einlegen und im Ablehnungsfall Klage erheben. Die private Pflegeversicherung zahlt dann, wenn die Pflegestufe I offiziell festgestellt wurde, für die häusliche Pflege durch ambulante Dienste, wie sie von Sozialstationen angeboten werden.
- Die zweite Variante ist die private Pflegerentenversicherung; hierbei wird ein Sparvertrag (ähnlich wie bei einer Kapitallebensversicherung) an eine Versicherung gekoppelt. Im Pflegefall zahlt die Pflegeversicherung eine Rente. Dieses Konzept ist weniger empfehlenswert, da das Sparen häufig nur eine geringe Rendite abwirft. Wesentlich sinnvoller ist es, das Pflegerisiko an sich abzusichern. Bei der Absicherung des Pflegerisikos werden die erbrachten Leistungen bezahlt, die durch Rechnungen nachgewiesen werden müssen; nicht im Leistungsumfang enthalten sind die Unterkunft und die Verpflegung.
- Die dritte Variante ist die Pflegetagegeldversicherung; bei ihr wird pro Tag, an dem der Versicherte pflegebedürftig ist, ein bestimmter vereinbarter Betrag bezahlt. Die Höhe des Tagesgeldsatzes hängt von der Pflegestufe ab. Bei Pflegestufe III erhält man den höchsten Tagessatz. Der Vorteil einer Pflegetagegeldversicherung besteht darin, dass die Leistung klar definiert ist und dass man keine Rechnungen für Pflegeleistungen vorlegen muss, was den bürokratischen Aufwand erheblich reduziert.

Eine private Pflegeversicherung ist für viele Führungskräfte sinnvoll.

16.10   Die Lebensversicherungen

Lebensversicherungen sind wichtig, um die Versorgung der Familie oder des Partners sicher zu stellen. Mit einer Risikolebensversicherung kann man sich bereits mit geringen jährlichen Beiträgen gegen das Risiko schützen. Die früher weit verbreitete Kapitallebensversicherung hat nach dem Wegfall gewisser steuerlicher Vorteile erheblich an Bedeutung verloren.

16.10.1   Die Risikolebensversicherung

Viele wissen gar nicht, dass es zwei grundlegende Arten von Lebensversicherungen gibt: die Risiko- und die Kapitallebensversicherung. Die Risikolebensversicherung zahlt im Todesfall die vereinbarte Versicherungssumme. Wenn der Versicherte nach dem vereinbarten Versicherungszeitraum (z.B. 20 Jahre) noch lebt, zahlt die Versicherung nicht, und die eingezahlten Versicherungsprämien werden nicht ausbezahlt. Viele wenig sachkundige Interessenten stören sich daran, dass die entrichteten Beiträge verloren sind, aber das ist ein falscher Schluss.

Bei der Kapitallebensversicherung, die den meisten Menschen vertraut ist, wird die Absicherung an einen Sparvorgang gekoppelt. Was hier ausbezahlt wird, sind die Sparbeiträge mit den Überschüssen. Rechnet man aber genau nach, stellt sich heraus, dass es günstiger und vorteilhafter ist, eine Risikolebensversicherung mit einem selbst entworfenen Sparvorgang zu koppeln. Denn bei einer Kapitallebensversicherung fallen relativ hohe Verwaltungs- und Vertriebskosten an, die die Rendite empfindlich schmälern.

Es ist ein Zeichen, mangelnden finanziellen Fachwissens zu glauben, Altersvorsorge sei eine Versicherungsfrage. In Wirklichkeit ist Altersvorsorge ein Geldanlageproblem, aber nicht ein Versicherungsproblem. Wer also glaubt, durch eine Kapitallebensversicherung für das Alter vorsorgen zu müssen, hat den Unterschied nicht verstanden. Eine Versicherung dient nur dazu, existenzielle Probleme abzusichern – wie den frühzeitigen Tod, den Pflegefall oder die Berufsunfähigkeit. Die Frage, wie man Geld sinnvoll investiert, so dass man im Alter bequem leben kann, ist eine Frage des Vermögensaufbaus.

Eine Risikolebensversicherung ist für alle Führungskräfte, die eine Familie zu versorgen haben, ein absolutes Muss. Denn bei einem frühzeitigen Tod kann die Familie häufig nicht von der Rente leben, zumal wenn viele Verpflichtungen im Zusammenhang mit einem Haus bestehen. Um diese Versorgungslücke zu schließen, sollte man auf jeden Fall eine Risikolebensversicherung abschließen. Solche Versicherungen sind auch im Alter über 40 Jahre noch relativ günstig und kosten nur einen Bruchteil dessen, was man für einen vergleichbaren Schutz für eine Kapitallebensversicherung aufwenden müsste. Schon ab 100 Euro jährlich kann man sich je nach Lebensalter mit einer Summe zwischen 100.000 und 150.000 Euro absichern.

Bei der Antragstellung müssen die Fragen zur Gesundheit stets wahrheitsgemäß und vollständig ausgefüllt werden, da der Versicherer sonst nicht leisten muss. Auch vermeintlich unwichtige Vorerkrankungen sollten lückenlos angegeben werden. Wenn der Versicherte stirbt und sich aus den ärztlichen Unterlagen eine Vorerkrankung ergibt, die zum Tode geführt hat, braucht der Versicherer die Versicherungssumme nicht auszubezahlen. In jedem Vertrag ist eine Klausel enthalten, die sämtliche Ärzte in der Vergangenheit und in der Zukunft von der Schweigepflicht entbindet. Bei arglistig verschwiegenen Krankheiten oder Tatsachen kann der Versicherer noch zehn Jahre nach Vertragsschluss zurücktreten. Die Angaben im Vertrag werden meist nicht bei Vertragsschluss geprüft, sondern erst im Todesfall. Eine Ausnahme sind hohe Versicherungssummen, die 200000 Euro übersteigen, dann verlangt der Versicherer meist eine Untersuchung beim Hausarzt. Aber auch bei einer ärztlichen Untersuchung müssen alle Fragen unabhängig vom medizinischen Befund wahrheitsgemäß beantwortet werden; da der Arzt nur eine Momentaufnahme macht und die Vorerkrankungen nicht im Detail kennt, kann der Versicherer sich dennoch im Todesfall weigern zu zahlen, wenn sich im Nachhinein herausstellt, dass eine Vorerkrankung zum Tod geführt hat und vom Antragsteller verschwiegen wurde.

Interessenten, die wegen ihres Gesundheitszustands Bedenken haben, ob sie aufgenommen werden, sollten bei mehreren Versicherungsgesellschaften so genannte Probeanträge stellen. Das ist sehr wichtig: Bei einem Probeantrag ist die Versicherung bei einer Zusage gebunden, aber der Antragsteller nicht. So kann man sich unproblematisch die besten Versicherungskonditionen heraussuchen. Bei Anträgen sollte man, wenn dies nicht vorgesehen ist, groß über das Formular „Probeantrag" schreiben. Allerdings sollte man beachten, dass Ausschlüsse oder Ablehnungen von anderen Versicherungsgesellschaften auch bei einem Probeantrag angegeben werden müssen. Fast alle Antragsformulare enthalten nämlich die Frage, ob bereits ein Antrag bei einer anderen Versicherungsgesellschaft gestellt wurde und ob dieser abgelehnt wurde.

Eine Risikolebensversicherung ist für jede Führungskraft, die eine Familie hat, eine absolute Notwendigkeit. Wenn der Versicherte stirbt, ist zumindest das Auskommen der Hinterbliebenen für einen längeren Zeitraum gesichert. Es wird empfohlen, mindestens das Dreifache des Jahresnettoein-

kommens durch eine Risikolebensversicherung abzudecken. Bei Führungskräften, die hohe Verpflichtungen durch einen Hausbau oder umfangreichen Immobilienbesitz haben, sollte mindestens das Fünffache des Jah-
resnettoeinkommens durch eine Risikolebensversicherung abgedeckt sein.
Da diese Versicherung sehr preisgünstig ist, ist sie auf jeden Fall ratsam.

16.10.2   Die Kapitallebensversicherung

Eine Kapitallebensversicherung setzt sich aus einer Todesfallversicherung
und einem Sparvorgang zusammen. Kapitallebensversicherungen finden sich
fast in jedem deutschen Haushalt. Manche haben sogar mehrere Kapitallebensversicherungen.

Dieses Produkt ist für die private Altersversorgung nur wenig geeignet, da es
intransparent ist und die erzielten Renditen sehr niedrig sind. Um eine Familie mit einer Versicherungssumme mit 200.000 bis 300.000 Euro abzusichern, müsste man ziemlich hohe Beiträge zahlen, da die Versicherung
nicht nur aus einer Prämie, sondern eben auch aus Sparraten besteht. Man
müsste zirka das 20-fache des Beitrags zahlen, der bei einer Risikolebensversicherung anfiele.

Der Sparvorgang selbst ist nicht besonders lukrativ, da die Versicherungsgesellschaften das Geld vor allem in Anleihen und Immobilien anlegen. Die
gesetzlich vorgeschriebene Mindestverzinsung lag im Jahr 2007 bei nur
2,25 %. Hinzu kommt, dass hohe Abschluss-, Vertriebs- und Verwaltungs-
kosten entstehen, die bei Versicherern mit einem ausgedehnten Vertrieb und
vielen Filialen besonders hoch sind. Im Übrigen wird nur der Teil des Beitrags verzinst, der auch in den Sparvorgang einfließt.

Früher waren Kapitallebensversicherungen zumindest für Selbstständige, die
Steuervorteile beim Sonderausgabenabzug nutzen konnten, noch einigermaßen sinnvoll. Seit 2005 sind indes die meisten Steuerprivilegien weggefallen,
so dass Kapitallebensversicherungen nicht mehr empfehlenswert sind. Das
Todesfallrisiko sollte man über eine Risikolebensversicherung abdecken; die
private Altersvorsorge sollte über die staatlich geförderte Riester- oder Rürup-Rente oder eigene Anlageformen wie einen Fonds- oder Zertifika-
tesparplan erfolgen.

Besonders kritisch ist es, wenn eine Kapitallebensversicherung mit einer Berufsunfähigkeitsversicherung gekoppelt wird. Wird die Lebensversicherung aufgrund mangelnder Rentabilität gekündigt oder beitragsfrei gestellt, geht auch der Berufsunfähigkeitsschutz verloren. Man sollte daher stets eine eigenständige Berufsunfähigkeitsversicherung abschließen. Dasselbe gilt für die Kombination mit einer privaten Unfallversicherung.

Der einzige Fall, in dem eine Lebensversicherung akzeptabel gilt, ist in der Form einer Direktversicherung im Rahmen der betrieblichen Altersversorgung. Dieser Durchführungsweg wird vor allem von Klein- und mittelständischen Unternehmen ausgewählt. Aufgrund der Entgeltumwandlung und möglicher Zuschüsse durch den Arbeitgeber kann dies interessant sein.

Führungskräfte, die bereits Kapitallebensversicherungen abgeschlossen haben und mit der Rendite nicht zufrieden sind, sollten von einer Kündigung absehen. Denn selbst nach mehreren Jahren liegt der Rückkaufwert unter der Summe der eingezahlten Beiträge. Besser ist es, wenn der Vertrag bereits mehrere Jahre läuft, eine Beitragsfreistellung zu vereinbaren oder die Versicherung an einen entsprechenden Dienstleister zu verkaufen, um die Verluste zu reduzieren. Beim Verkauf der Lebensversicherung auf dem Zweitmarkt entsteht jedoch eine Steuerpflicht für die erzielten Erträge. Man schätzt, dass zirka die Hälfte aller Kapitallebensversicherungen bereits vor dem Ablauf gekündigt oder beitragsfrei gestellt wird. Seit 2008 müssen mit der Änderung des Versicherungsvertragsgesetzes Verbraucher umfassend über die Abschluss- und Vertriebskosten bei Vertragsabschluss informiert werden. Auch müssen die zu erwartenden Renditen realistisch beziffert werden. Die Ablaufleistung muss in einer Modellrechnung mit verschiedenen Zinsniveaus berechnet werden.

16.11   Die private Rentenversicherung

Die private Rentenversicherung ist ein Sparvorgang, der zur Auszahlung einer lebenslangen Rente führt. Man kann auch eine Einmalleistung durch das Kapitalwahlrecht vereinbaren. Je älter jemand wird, desto mehr profitiert er von dem Versicherungsschutz der privaten Rentenversicherung, da die private Rente lebenslang bezahlt werden muss.

Obwohl dies auf den ersten Blick sehr interessant erscheinen mag, sind private Rentenversicherungen in ihrer Rendite oft noch ungünstiger als eine Kapitallebensversicherung. Denn der Versicherer kalkuliert die Langlebigkeit bereits mit ein, so dass nur eine relativ niedrige Rente ausbezahlt wird; der Versicherte könnte unter Umständen 90 oder 100 Jahre alt werden. Nur bei Führungskräften, die kurz vor dem Ruhestand stehen und sich eine lebenslange Rente sichern wollen, kann es unter Umständen sinnvoll sein, eine private Rentenversicherung durch eine Einmalzahlung abzuschließen. Fraglich bleibt aber, ob nicht eine Vermögensanlage in Eigenregie ratsamer ist. Stirbt der Versicherte nämlich beispielsweise mit 70 Jahren, ist das eingezahlte Geld verloren, es sei denn, der Versicherte hat zusätzlich einen Hinterbliebenenschutz gewählt, so dass zumindest über eine gewisse begrenzte Laufzeit eine Rente an die Angehörigen ausbezahlt wird oder eine Beitragsrückgewähr erfolgt. Durch solche Zusatzversicherungen sinkt die Höhe der privaten Rente und damit die Rendite deutlich.

16.12   Die fondsgebundene Rentenversicherung

Bei der fondsgebundenen Rentenversicherung wird die private Rentenversicherung mit einem Fondssparplan verknüpft. Zwar fallen auch hier erhebliche Abschluss-, Verwaltungs- und Vertriebskosten an, da aber die Beiträge mit einem größeren Anteil in einen Fondssparplan fließen, hat der Versicherte mehr Transparenz und eine nachvollziehbare Rendite. Darüber hinaus ist die fondsgebundene Rentenversicherung flexibler, da der Versicherte unter meist 50 oder 60 Investmentfonds selbst einen oder mehrere Fonds für die Anlage des Beitrags auswählen kann.

Allerdings können hieraus deutliche Risiken resultieren. Wenn der Versicherte die Entwicklung eines Fonds oder Aktienmarktes falsch einschätzt, können sich beträchtliche Verluste ergeben. Aus diesem Grunde ist es möglich, mit dem Versicherer eine Garantieleistung zu vereinbaren, die jedoch zu Lasten der Rendite geht. Auch bei sehr langen Laufzeiten kann in einer ungünstigen Börsensituation ein Verlust entstehen, sofern man keine Garantieleistung hat.

Die Anlage in Aktienfonds ist stets riskant, kann aber zu einer deutlich besseren Wertentwicklung führen. Die fondsgebundene Rentenversicherung hat einige Vorteile, die durchaus beachtenswert sind. Beim Kauf von Investmentfonds (Renten-, Aktien-, Rohstoff-, Immobilienfonds) fallen in der Regel keine Ausgabeaufschläge an, die zwischen 3 und 6 % liegen können. Auch beim Wechsel werden nur selten Gebühren erhoben. Gegen Ende der Laufzeit werden die Gelder meist in risikoärmere Fonds wie Renten- oder Geldmarktfonds umgeschichtet.

Die Bedeutung der fondsgebundenen Rentenversicherung wird in Zukunft erheblich zunehmen, denn sie stellt eine flexible und dennoch lukrative Form der privaten Altersversorgung dar. Durch die Einführung der Abgeltungssteuer im Jahr 2009 wird ihre Stellung noch weiter gestärkt; denn die Erträge und Wertsteigerungen der Investmentfonds im Rahmen einer fondsgebundenen Rentenversicherung unterliegen nicht der Abgeltungssteuer. Nur die Rente wird später besteuert. Darüber hinaus kann die fondsgebundene Rentenversicherung mit Riester- und Rürup-Renten kombiniert werden, so dass durch den Sonderausgabenabzug zusätzliche Steuervorteile genutzt werden können.

Angesichts der Abgeltungssteuer im Jahr 2009 ist die fondsgebundene Rentenversicherung wieder attraktiv geworden. Interessenten sollten vor dem Abschluss genau auf die entstehenden Verwaltungs-, Vertriebs- und Abschlusskosten achten und genau nachrechnen. Es wird empfohlen, möglichst viele Versicherungen zu vergleichen und den Kostenanteil zu betrachten. Wegen der Einführung der Abgeltungssteuer wird die fondsgebundene Rentenversicherung sehr stark beworben, aber man sollte stets den Kostenaspekt beachten. Bei der Auswahl der Investmentfonds ist Vorsicht geboten, denn wenn man einen leistungsschwachen Investmentfonds auswählt, kann dies sogar zu deutlichen Verlusten führen.

Insgesamt betrachtet ist eine fondsgebundene Rentenversicherung lohnenswert, wenn man eine Versicherung findet, die mit niedrigen Abschlusskosten verbunden ist und eine Vielzahl von Investmentfonds anbietet. Man sollte aber stets auf eine breite Streuung der angelegten Gelder achten und nur qualitativ hochwertige Investmentfonds auswählen. Eine akzeptable Rendite wird aber wegen der Schwankungen der Aktien- und Rentenmärkte erst nach 10 oder 20 Jahren zu erwarten sein.

17 Der Vermögensaufbau

Im abschließenden Kapitel 17 wird eine Einführung in die Formen des Vermögensaufbaus auf dem Kapitalmarkt gegeben. Dazu werden unterschiedliche Kapitalmarktprodukte und deren Besonderheiten vorgestellt. In diesem Rahmen werden dem Leser Strategien zur Vermögensbildung vermittelt.

Viele Menschen halten den Vermögensaufbau und die private Altersversorgung für eine Angelegenheit, die sich durch Versicherungen bewerkstelligen lässt. Doch in Wirklichkeit ist die private Altersversorgung in erster Linie eine Frage der Geldanlage; daher sollte jede Führungskraft über profunde Fachkenntnisse verfügen und mit allen Aspekten des Vermögensaufbaus vertraut sein. Ohne gewisse qualifizierte Fachkenntnisse ist jeder auf die mehr oder minder zuverlässige Beratung des Bankberaters oder Vermögensberaters angewiesen. Da es hier aber erhebliche Qualitätsunterschiede gibt, ist jeder gut beraten, wenn er zumindest über Grundkenntnisse verfügt. Es ist geradezu sträflicher Leichtsinn, einem Bank- oder Versicherungsberater uneingeschränkt zu vertrauen. Jeder sollte sich bis zu einem gewissen Grad selbst um den Vermögensaufbau und die Geldanlage kümmern.

Die Möglichkeiten, die dem Einzelnen offen stehen, sind gewaltig, denn mit der zunehmenden Globalisierung setzt eine Öffnung und stärkere Vernetzung vieler Märkte ein. Konnte man früher allenfalls in Westeuropa oder Nordamerika investieren, stehen heute dem Anleger viele exotische Märkte und Schwellenländer offen. Länder wie Peru, Vietnam, Nigeria, Ghana oder Katar sind heute ebenso Investitionsstandorte wie die ost- und die südosteuropäischen Länder.

Aber nicht nur die Regionen und Länder weisen eine größere Vielfalt auf, sondern auch die Wertpapiere. Gab es früher vor allem Aktien, Anleihen und Investmentfonds, so haben sich in den letzten Jahrzehnten und Jahren zahlreiche neue Wertpapiere herausgebildet, die neue Investmentchancen eröffnen. Neben den bereits seit Jahrzehnten zugänglichen Optionsscheinen gewinnen Zertifikate immer mehr an Zuspruch, da sie vielfältige Szenarien an den Kapitalmärkten abdecken. Neuerdings findet auch CFDs (*Contracts for Difference*), eine Art Optionsgeschäft mit festem Hebeln, bei Spekulanten Anklang. Die Zahl der Wertpapiere hat sprunghaft zugenommen; allein in Deutschland werden über 5000 Investmentfonds gehandelt. Die Zahl der Zertifikate geht in die Hunderttausende, und auch ausländische Aktien werden immer mehr an deutschen Börsenplätzen gehandelt. So gibt es in Deutschland weit über 200 verschiedene chinesische Aktien.

Sich Gedanken über den Vermögensaufbau zu machen lohnt sich stets, denn die Kapitalmärkte bieten eine Vielzahl von lukrativen Möglichkeiten, die man als Führungskraft gezielt nutzen sollte, um sich höhere Renditen zu sichern.

17.1   Die Aktie

In Deutschland führt die Aktie noch immer ein Schattendasein in der privaten Altersvorsorge, da sie in weiten Bevölkerungskreise als spekulativ und riskant gilt. Doch diese Einschätzung beruht eher auf Vorurteilen als auf einer unvoreingenommenen Sichtweise. Denn was ist eine Aktie? Eine Aktie ist ein verbriefter Anteil an einem Unternehmen. Wer eine *Porsche*-Aktie kauft, dem gehört ein Anteil an dem Unternehmen *Porsche*. Was ist wohl wertvoller? Das Zahlungsversprechen eines Schuldners (Anleihen), ein Gebäude oder ein Anteil an einem Unternehmen (Aktie)? Bei einer Anleihe erhält man, wenn der Schuldner zahlungsfähig ist, das geliehene Geld mit Zinsen zurück. Das kann lukrativ sein; in den meisten Fällen sind die Zinsen aber so niedrig, dass man damit langfristig kein großes Vermögen aufbauen. Der Wert eines Hauses hängt letztlich vor von der Lage, der wirtschaftlichen Entwicklung der Region und dem Erhaltungszustand ab. Selbst Wohnimmobilien in hervorragenden Lagen, wie man sie nur in prosperierenden Großstädten wie München, Frankfurt am Main, Stuttgart, Düsseldorf und Hamburg findet, bringen es maximal auf eine Rendite von bis zu 4 %.

Aktien hingegen sind Anteile an einem Unternehmen. Ein Unternehmen kann wachsen und Gewinne erwirtschaften, indem es neue Erfindungen macht, sich neue Märkte und Kunden erschließt. Ein Unternehmen ist innovativ und tatkräftig; in ihm arbeiten tagein, tagaus Hunderte oder Tausende von Menschen mit hohen Qualifikationen; Ingenieure erfinden und gestalten neue Produkte; Informatiker entwickeln zukunftsträchtige Software. Keine Anleihe und keine Immobilie sind mit dieser dynamischen Kraft vergleichbar. So ist es auch nicht verwunderlich, dass Aktien langfristig eine jährliche Rendite von 10 bis 14 % erzielen und damit von allen Anlageformen am besten abschneiden. Wer beispielsweise 1986 eine damals unbekannte Aktie namens *Microsoft* gekauft hätte, wäre heute mehrfacher Millionär. Auch die Aktionäre von *Nokia* und *Google* zählen sich heute zu den ganz Reichen. Allein die *Porsche*-Aktie erreichte in den 1990er Jahren jährliche Wertsteigerungen von über 80 %.

Natürlich gab es auch Unternehmen, deren Aktienkurs ins Bodenlose fiel oder die insolvent wurden. Ist das Unternehmen zahlungsunfähig, wird die Aktie völlig wertlos. Auch viele renommierte Unternehmen wie die *Deutsche Telekom* oder *Daimler* brachten den Anlegern wenig Glück, da ihre Kurse jahrelang stagnierten oder sogar sanken. Zur Zeit der Internetkrise im Jahre 2000 und 2001 fielen etliche Technologiewerte um mehr als 90 % innerhalb kürzester Zeit oder mussten Insolvenz anmelden.

Letztlich gilt es bei jedem Aktienengagement, sorgfältig auszuwählen und Geduld zu haben. Dabei sollte man einige Grundsätze beachten. Der wichtigste Schutz gegen Verluste ist eine breite Streuung der Werte über viele Branchen, Länder und Regionen hinweg. Die Diversifikation ist die mit Abstand wichtigste Grundregel. Je mehr ein Wertpapierdepot dem Prinzip der Streuung folgt, desto sicherer ist es langfristig. Kaufen Sie niemals eine Aktie, der sich nicht vertrauen oder bei der Sie ein ungutes Gefühl haben. Jemand schrieb einmal, dass man sich auch nicht in ein Auto setzen würde, das nur noch hundert Meter weiterfährt.

Die Aktie, die Sie erwerben, sollte jedes Jahr den Gewinn steigern und eventuell eine Dividende ausschütten. Bei mittelgroßen Aktiengesellschaften (Mid Caps) und kleinen Aktiengesellschaften (Small Caps) sowie Technologiewerten sind Dividendenausschüttungen allerdings selten. Achten Sie darauf, dass die Aktie ein im Branchenvergleich niedriges Kurs-Gewinn-Verhältnis hat.

Beachten Sie bitte die folgenden zehn Regeln zum Aktienkauf:

1. Achten Sie auf eine breite Streuung über viele Branchen, Länder, Regionen und Währungen. Kaufen Sie nicht nur eine Aktie, sondern mindestens 5 verschiedene. In Ihrem Wertpapierdepot sollten auch andere Anlageklassen wie Anleihen, Fonds, Zertifikate, Immobilien und Rohstoffe sein, damit Sie ein optimale Streuung erreichen.
2. Kaufen Sie keine Aktie, die Sie nicht überzeugt. Wenn Sie das Gefühl haben, dass die Aktie bei Ihnen Unbehagen oder Vorbehalte auslöst, nehmen Sie Abstand von einem Kauf. Sie müssen überzeugt sein, dass die Aktie Ihren Erwartungen entspricht und zu Ihnen passt.
3. Kaufen Sie nur hochwertige Qualitätsaktien. Machen Sie bei diesem Grundsatz keinerlei Abstriche. Es ist sehr gefährlich, Unternehmen zu kaufen, die sich am Rande der Insolvenz befinden. Sie können einen Totalverlust erleiden. Qualitätsaktien erkennen Sie daran, dass sie stetig zunehmende Gewinne und steigende Umsätze aufweisen. Akzeptieren Sie auf keinen Fall ein Unternehmen, das einige Jahre Verluste vorweist oder gar keine Gewinne erwirtschaftet. Solche Unternehmen sind für den Vermögensaufbau ungeeignet.
4. Achten Sie auf ein niedriges Kurs-Gewinn-Verhältnis (KGV). Das KGV sollte etwas unterhalb des Branchendurchschnitts liegen. Aktien, die ein extrem niedriges KGV haben, sind ebenfalls mit Vorsicht zu genießen, da der Aktienkurs gefallen sein könnte.
5. Kaufen Sie keine Aktie, deren Chart einen anhaltenden Abwärtstrend aufweist. Wenn Sie auf dem Aktienchart eine deutlich fallende Linie sehen, sollten Sie die Aktie auf keinen Fall kaufen. Hier gilt das alte Börsensprichwort: Man greife nie in ein fallendes Messer.
6. Aktieninvestments sind langfristig angelegt. Sie würden ja Ihr eigenes Unternehmen auch nicht nach vier Wochen wieder veräußern. Es macht keinen Sinn, Aktien nur ein oder zwei Jahre zu halten. Besser und ratsamer ist es, Aktien 10 oder 20 Jahre zu halten. Wenn man einen so langen Zeithorizont hat, spielt es keine Rolle, wenn die Aktie zwischenzeitlich um 30 oder 40 % einbricht. Die meisten Qualitätsaktien sind nach 5 oder 10 Jahren fast mit 90-prozentiger Wahrscheinlichkeit im Plus.
7. Niemand kann Aktienkurse vorhersagen! Das ist eine der wichtigsten Erkenntnisse der empirischen Finanzmarktforschung. Glauben Sie niemanden, der Ihnen einzureden versucht, man könne Aktienkurse

prognostizieren. Auch die in vielen Fachzeitschriften angegebenen Ziel-
kurse sind nur unverbindliche Schätzungen. Glauben Sie daher nicht
an heiße Aktientipps oder Börsengurus. Viele Aktien- und Finanz-
experten liegen sogar oft daneben, und viele Empfehlungen, die in
Fachzeitschriften, Börsenmagazinen, im Internet oder im Fernsehen
abgegeben werden, entwickeln sich oft schlechter als der Durchschnitt
des Marktes.

8. Kaufen Sie nur Vertrautes. Wenn Sie nichts von Biotechnologie verstehen, ist es nicht ratsam, Biotechnologieaktien zu kaufen. Zwar müssen Sie auf dem Gebiet, das Sie interessiert, kein Experte sein, aber Sie
sollten zumindest eine gewisse Motivation an den Tag legen, sich damit beschäftigen zu wollen. Es kann sinnvoll sein, im Alltag darauf zu
achten, was sich besonderer Beliebtheit erfreut und zunehmend Käufer
findet. Das kann eine bestimmte Automarke, ein Spielzeug oder ir-
gendein anderes Produkt oder eine Dienstleistung sein. Kaufen Sie
aber nur, nachdem Sie sich den Aktienchart und einzelne Kennzahlen
(Gewinnentwicklung, Dividende, Umsätze) angesehen haben und Sie
völlig überzeugt sind, dass dieses Unternehmen auch in 10 oder
20 Jahren noch zu den Topfavoriten gehören wird.

9. Achten Sie bei der Aktie auf die Währung. US-Aktien, die an deutschen Börsen in Euro gehandelt werden, haben als Heimatwährung
dennoch den US-Dollar und werden nur in eine Euro-Notierung umge-
rechnet. Sinkt der US-Dollar, dann machen Sie Verlust. Manche Währungen können gegenüber dem Euro sehr stark schwanken und Ihre
Kursgewinne schnell zunichte machen.

10. Kaufen Sie keine Aktien, wenn Sie das Risiko nicht eingehen wollen.
Wenn Sie nachts nicht mehr schlafen können aus Sorge um Ihre
Aktien und dreimal am Tag die Aktienkurse abfragen, dann ist Ihre
Risikobereitschaft zu gering. Denken Sie daran, dass Aktien stark
schwanken können. Kursverluste von 70 oder 90 % sind zwar nicht
Alltag, aber sie können vorkommen. Der DAX fiel von seinem
Höchststand von über 8000 Punkten innerhalb von zwei Jahren auf
2500 Punkte im Jahr 2003, und dabei besteht der DAX aus den 30
größten Aktiengesellschaften Deutschlands. Solche Schwankungen
müssen Sie verkraften könnten, sonst sollten Sie lieber auf ein Aktienengagement verzichten.

17.2   Investmentfonds

Investmentfonds ermöglichen, das Risiko weiter zu streuen, denn jeder
Fonds verwaltet viele Wertpapiere. Aktienfonds haben oft bis zu 100 verschiedene Aktien, die von einem sachkundigen Fondsmanagement betreut
und fortlaufend analysiert werden. Neben Aktienfonds gibt es noch
Rentenfonds, die in Anleihen anlegen, Immobilienfonds und Mischfonds, die
sowohl in Aktien als auch in Anleihen investieren.

Aktienfonds erzielen von allen Fondsklassen langfristig die höchste Rendite, wenngleich auch hier die Wertsteigerung sehr unterschiedlich sein
kann.

Es gibt Aktienfonds, die sich auf einzelne Länder und Branchen spezialisiert
haben, während andere weltweit oder zumindest regional ausgerichtet sind.
Wenn Sie einen Aktienfonds für einen Riester- oder Rürup-Vertrag oder eine
fondsgebundene Lebensversicherung auswählen sollen, achten Sie bitte darauf, dass der Fonds möglichst breit gestreut ist. Ein Fonds, der auf Europa
ausgerichtet oder weltweit engagiert ist, eignet sich für die private Altersversorgung besser als ein Fonds, der sich auf Telekommunikationswerte oder
Internetaktien fokussiert hat. Solche Spezialfonds eignen sich nur als Beimi-
schung mit einigen wenigen Prozent am Gesamtportfolio. Das gleiche gilt
für exotische Fonds, die sich auf einzelne Länder spezialisiert haben wie
Thailand, Malaysia, Polen oder andere. Ein Regionalfonds, der sich auf Ost-
europa oder Südostasien konzentriert, ist zumindest etwas breiter aufgestellt.

Die zu erzielende Rendite ist sehr unterschiedlich, da man einen Fonds, der
in deutsche Standardwerte investiert, nicht unbedingt mit einem vergleichen
kann, der auf Lateinamerika ausgerichtet ist. In der Regel erzielt man mit
breit aufgestellten Fonds langfristig, d.h. mit einem Zeithorizont von mehr
als 10 Jahren, in einigermaßen normalen Börsenzeiten eine Rendite von zirka 10 bis 12 %. Das gilt aber nur für Spitzenfonds. Kritiker sind der Auffassung, dass Investmentfonds meist schlechter abschneiden als der Marktdurchschnitt. Dies ist bei fast 90 % der Investmentfonds der Fall und macht
klar, dass auch hoch qualifizierte Fondsmanager den Markt nicht übertreffen
können, da niemand Aktienkurse vorhersagen kann. Vielfach ist die Performance der Investmentfonds sogar schlechter als der Marktdurchschnitt,
was auch an den ziemlich hohen Gebühren liegt. Bei jedem Aktienfonds
fallen in der Regel 5 bis 6 % Gebühren für den Ausgabeaufschlag an. Hinzu

kommen noch jährliche Managementgebühren, die eine Größenordnung von 1 bis 2 % erreichen. Gemessen an der unbefriedigenden Leistung, die das Fondsmanagement erbringt, sind die Gebühren ziemlich überzogen. Man kann daher das Fazit ziehen, dass Investmentfonds eher schlecht informierten Anlegern verkauft werden.

Aufgrund der hohen Gebühren und von Fehlentscheidungen des Fondsmanagements liegt die Rendite der meisten Investmentfonds fast immer unter dem Marktdurchschnitt. Daher plädieren Experten für das passive Investieren, bei dem man sich an den Marktdurchschnitt ankoppelt, d.h. einen Index als Investition auswählt.

Wer dennoch nicht auf Investmentfonds verzichten möchte, sollte folgende Regeln beherzigen:

1. Kaufen Sie nur Fonds, die ein hohes Rating aufweisen. Spezialisierte Ratingagenturen untersuchen den Investmentfonds und das Management und geben ein Urteil ab. Sie sollten sich die Fonds mit dem besten Rating heraussuchen, was aber keine Garantie für eine hohe Wertsteigerung in der Zukunft ist.
2. Kaufen Sie wenn möglich Investmentfonds bei einer Direktbank, d.h. einer Bank, die ihre Geschäfte hauptsächlich online abwickelt. Es handelt sich dabei meist um die Tochtergesellschaften großer Privatbanken. Diese Direktbanken unterhalten keine Filialen und keine umfassenden Beratungsdienste, daher sind sie generell günstiger. Bei Investmentfonds verzichten sie auf den hohen Ausgabeaufschlag von 5 bis 6 % bei Aktienfonds oder verlangen nur den halben Ausgabeaufschlag. Wenn Sie Investmentfonds im Rahmen einer fondsgebundenen Rentenversicherung kaufen, entfällt meist der Ausgabeaufschlag völlig.
3. Kaufen Sie Investmentfonds im Rahmen eines regelmäßigen Fondssparplans, dadurch verteilen sich die Einkaufspreise über eine längere Zeitperiode, so dass Sie den Fonds manchmal billig und manchmal etwas teurer kaufen und auf diese Weise einen durchschnittlichen Einkaufspreis erzielen, der sich als vorteilhaft erwiesen hat. Man nennt dieses Phänomen Cost Averaging.
4. Achten Sie bei Fonds auch auf die jährliche Managementgebühr, die meist nur dem Prospekt des Investmentfonds zu entnehmen ist.

5. Denken Sie daran, dass es keinen Sinn macht, einen Investmentfonds nur ein Jahr zu halten. Die Gebühren sind so hoch, dass Sie ihn mindestens fünf oder besser zehn Jahre halten sollten.
6. Bevorzugen Sie thesaurierende Investmentfonds; bei diesen wird die Ausschüttung nicht ausbezahlt, sondern gleich wieder angelegt. Ausschüttende Fonds haben den Nachteil, dass Sie sich selbst um die Wiederanlage der Ausschüttung kümmern müssen. Meist erhalten Sie auch nur einen geringfügigen Wiederanlagerabatt, so dass Sie einen Teil des Ausgabeaufschlags zahlen müssen, was die Rendite schmälert.
7. Kaufen Sie möglichst keine No-load-Funds; das sind Investmentfonds, die keinen Ausgabeaufschlag haben. Das klingt zwar verlockend; aber die vermeintlichen Schnäppchen berechnen dafür eine viel höhere jährliche Managementgebühr, die die Rendite deutlich verringern kann. Langfristig kommen Investmentfonds ohne Ausgabeaufschlag wesentlich teurer als solche mit Aufschlag. No-load-Funds sind nur für kurzfristige Investments gedacht.
8. Eine günstigere Alternative sind ETFs; die so genannten Exchange Traded Funds werden anders als die herkömmlichen Investmentfonds an der Börse gehandelt; dadurch entfällt der Ausgabeaufschlag. Aber Sie sollten bedenken, dass bei Kauf und Verkauf von Wertpapieren an der Börse jeweils eine Bankprovision anfällt, die den Vorteil wieder zunichte machen kann. Bei herkömmlichen Banken liegt diese Provision bei bis zu einem Prozent bei jeder Transaktion – also sowohl beim Kauf wie auch beim Verkauf von Wertpapieren. Billiger ist die Bankprovision bei Direktbanken. Daher rechnet sich der Kauf von Exchange Traded Funds vor allem, wenn man Kunde bei einer Direktbank ist.

Mit der Einführung der Abgeltungssteuer im Jahre 2009 unterliegen auch Investmentfonds sowohl bei der Wertsteigerung als auch bei den Ausschüttungen der Abgeltungssteuer. Sie fällt allerdings nicht an, wenn die Investmentfonds im Rahmen einer fondsgebundenen Rentenversicherung, einer Riester- oder Rürup-Rente erworben wurden.

Neben Aktienfonds sind vor allem Rentenfonds beliebt, die in Anleihen investieren. Manche Rentenfonds haben sich auf deutsche Staatsanleihen (Bundesanleihen und Bundesobligationen) spezialisiert, während andere sich auf europäische Anleihen fokussieren. Es gibt auch zahlreiche Rentenfonds, die in Fremdwährungsanleihen investieren, die in US-Dollar oder anderen Währungen notieren. Auch die risikobehafteten Anleihen von Emerging Markets werden von spezialisierten Rentenfonds gehalten.

Die Rendite bei Rentenfonds ist geringer, zumal in der Regel ein Ausgabeaufschlag von 3 % erhoben wird, der die Performance verringert. Auf keinen Fall sollten Sie Rentenfonds kaufen, die in deutsche Staatsanleihen (Bundeswertpapiere) anlegen. Dies lohnt sich nicht, denn Bundeswertpapiere können Sie günstiger und vorteilhafter selbst kaufen. Ein Rentenfonds ist nur dann sinnvoll, wenn er die Risiken besser streut. Eine solche Diversifikation ist beispielsweise bei Unternehmensanleihen (*Corporate Bonds*) zu empfehlen, da es gelegentlich vorkommt, dass ein Unternehmen Insolvenz anmelden muss. Auch bei Staatsanleihen mit geringerer Bonität ist die Risikostreuung ebenso empfehlenswert wie bei Fremdwährungsanleihen. Der Rentenfonds kann eine Vielzahl unterschiedlicher Währung mischen und dadurch das Kursrisiko deutlich senken.

Rentenfonds schneiden insgesamt schlechter ab als Aktienfonds. Zwar gibt es Ausnahmen, in denen über 10 bis 15 % in einem Jahr erreicht werden, jedoch handelt es sich dabei vor allem um Fonds mit dem Anlageschwerpunkt Emerging Markets (Schwellenländer) und um Anleihen mit geringer Bonität. Starke Währungsturbulenzen oder eine Wirtschaftskrise können die Rendite sehr schnell zunichte machen. Die meisten Rentenfonds, die in sicheren Euroanleihen investieren, erzielen allenfalls eine Rendite, die zwischen 3 und 7 % liegt. Da im Augenblick die Zinsen im historischen Vergleich relativ niedrig sind, wird häufig nur eine Rendite von weit unter 5 % erreicht.

Anleger, die sich nicht recht zwischen Renten- und Aktienfonds entscheiden können, haben die Möglichkeit, Mischfonds zu kaufen, die sowohl in Aktien als auch in Anleihen investieren.

Eine weitere Möglichkeit der Fondsanlage sind die offenen Immobilienfonds. Sie sollten dabei genau zwischen geschlossenen und offenen Immobilienfonds unterscheiden, was viele Anleger nicht wissen. Geschlossene Immobilienfonds sind eine Form der Investition, bei der Anleger einen Anteil an einem Bürogebäude oder einer anderen Gewerbeimmobilie kaufen. Ein solcher Anteil kann erst nach vielen Jahren wieder veräußert werden und ist bei schlechter Planung ein riskantes Geschäft, das häufig der Steueroptimierung dient.

Offene Immobilienfonds, und nur von diesen soll hier die Rede sein, sind Wertpapiere, die über Banken gehandelt werden und von einem Investmentfonds verwaltet werden. Anders als Aktien- oder Rentenfonds investieren offene Immobilienfonds in Gebäude – meist in Gewerbeimmobilien und seltener in Wohnimmobilien. Diese Fondsanteile können täglich wieder zum offiziell festgestellten Kurs an die Investmentgesellschaft über die Bank verkauft werden. Offene Immobilienfonds haben meist einen Ausgabeaufschlag von fünf Prozent. Die Wertentwicklung liegt im Durchschnitt zwischen 2 und 6 %. Gemessen an dem hohen Ausgabeaufschlag sind offene Immobilienfonds ein wenig lukrative Anlageform. Auch wenn viele Berater auf die Sicherheit und Wertbeständigkeit von Immobilien verweisen, haben Immobilienfonds in der Vergangenheit zwar eine kontinuierliche Performance gezeigt, aber die Wertentwicklung ist dennoch vergleichsweise gering. Nur mit ausländischen Immobilien im Portfolio lässt sich eine geringfügige Steigerung erzielen. Aufgrund des Ausgabeaufschlags, der Managementgebühren und der verhaltenen Performance sind offene Immobilienfonds weniger empfehlenswert. Auch das Argument der Diversifikation auf die Anlageklasse Immobilien überzeugt nicht wirklich, da die Hypothekenmarktkrise den Immobilienmarkt in weiten Teilen der USA und auch in manchen europäischen Ländern erschüttert hat.

Im Zusammenhang mit fondsgebundenen Rentenversicherungen oder Riester-Verträgen werden häufig Dachfonds als Anlageform empfohlen. Dachfonds sind eine spezielle Form von Investmentfonds, die wiederum in andere Investmentfonds anlegen. Die Banken und Versicherungen offerieren meist drei Varianten, indem sie konservative, dynamische und wachstumsorientierte Dachfonds als Anlagestrategie anbieten. Der Anleger soll dadurch der Mühe enthoben werden, selbst einzelne Investmentfonds auszuwählen. Auf den ersten Blick mag eine solche Vereinfachung hilfreich sein, aber in der Praxis liegen die Renditen von Dachfonds nicht selten unter denen von Einzelfonds. Hinzu kommt, dass bei Dachfonds die Gebühren deutlich steigen, denn es müssen nicht nur Ausgabeaufschläge und Managementgebühren für den Dachfonds entrichtet werden, sondern auch die Investmentfonds, in die investiert wird, erheben solche Gebühren, wenn auch mit einem gewissen Rabatt, den die Dachfondsgesellschaft aushandeln kann. Dachfonds sind daher wenig überzeugend.

Zusammenfassend lässt sich festhalten, dass Investmentfonds eher eine Anlageform für weniger gut informierte Anleger sind, die sich kaum um ihren
eigenen Vermögensaufbau kümmern können. Die Performance der meisten
Investmentfonds liegt unter dem Marktdurchschnitt oder einem Vergleichs-
index (Benchmark), was auch darauf zurückzuführen ist, dass niemand Bör-
senkurse vorhersagen kann und die häufigen Umschichtungen die Wertsteigerung beeinträchtigen. In nicht wenigen Fällen schneiden Investmentfonds
sogar schlechter ab, da neben dem hohen Ausgabeaufschlag auch jährliche
Managementgebühren anfallen. Investmentfonds sollte man daher mindestens fünf Jahre halten. Trotz der höheren Risikostreuung können Spezialitä-
tenfonds, die auf riskante Branchen (wie Goldminen-, Internet- oder Tele-
kommunikationsaktien) oder einzelne Länder (Vietnam und andere) setzen,
hohe Verluste mit sich bringen. Auch Rentenfonds können bei starken Zins-
erhöhungen deutliche Kursverluste einfahren. Das Argument, das Fondsmanagement könne durch Analysen und Prognosen und umfassende Ge-
genmaßnahmen einen Kursverlust abfedern, stimmt in der Praxis meist nicht.
Doch einen Vorteil haben Investmentfonds: Bei einer Insolvenz der Fonds-
gesellschaft sind die im Fondsvermögen enthaltenen Wertpapiere nicht Teil
der Insolvenzmasse, sondern genießen als Sondervermögen besonderen
Schutz.

17.3   Anleihen

Anleihen sind Wertpapiere, die mit einer Zinsausschüttung oder einem
Zinsanteil verbunden sind. Anleihen werden auch Obligationen, Bonds
oder Rentenpapiere genannt.

Am bekanntesten sind Bundeswertpapiere, zu denen beispielsweise Bundesanleihen und Bundesobligationen, Bundesschatzbriefe und Finanzierungs-
schätze zählen. Daneben gibt es noch Pfandbriefe, die durch dingliche
Rechte an Grundstücken zusätzlich gesichert sind. Auch die Bundesländer,
Bundeseinrichtungen wie die *KfW-Bank* und Gemeinden (Kommunalobli-
gationen) können eigene Anleihen herausgeben.

Deutsche Staatsanleihen werden von internationalen Ratingagenturen sehr
hoch eingestuft, da die Zahlungsfähigkeit (Bonität) außer Frage steht. Deut-

sche Staatsanleihen erreichen deshalb fast immer ein AAA-Rating (Triple A), das den höchsten Qualitätsstandard darstellt.

Riskanter sind Unternehmensanleihen (Corporate Bonds), da deren Bonität von der wirtschaftlichen Situation des jeweiligen Unternehmens abhängt. Zwar gibt es auch Unternehmen, die ein AAA-Rating besitzen, aber viele Unternehmen müssen eine geringere Einstufung ihrer Bonität hinnehmen, wobei Unternehmen mit einem B- oder gar einem C-Rating äußerst risikoreich sind und die Gefahr eines Zahlungsausfalls oder einer Insolvenz wahrscheinlicher wird.

Euroanleihen von EU-Staaten gelten als relativ sicher; problematisch hingegen sind die Euroanleihen von Schwellenländern (Emerging Markets) und Entwicklungsländern. Auch wenn solche Papiere bisweilen bis zu 18 % Zinsen im Jahr einbringen, ist äußerste Vorsicht geboten. Erst vor einigen Jahren musste Argentinien den Staatsbankrott bekannt geben, und argentinische Anleihen wurden nur noch mit einem Bruchteil ihres früheren Wertes zurückbezahlt.

Ein deutliches Risiko gehen auch Anleger ein, die Fremdwährungsanleihen kaufen. Selbst eine Weltwährung wie der US-Dollar schwankt beträchtlich gegenüber dem Euro. Solche Währungsturbulenzen können zu drastischen Verlusten führen. Während der Asienkrise im Jahr 1997 brach der thailändische Baht innerhalb weniger Tage um mehr als 90 % ein. Anleger, die solche Anleihen hatten, waren buchstäblich über Nacht ruiniert. Nicht nur Insolvenzen können fatale Folgen haben, auch Währungsschwankungen. Und dies gilt besonders für Anleihen in Währungen wie türkische Lira, südafrikanische Rand oder isländische Kronen. Die höheren Zinsen, die für solche Obligationen gezahlt werden, gleichen keineswegs das enorme Währungsrisiko aus.

Wer Anleihen kaufen möchte, sollte folgende Grundregeln beachten:

1. Kaufen Sie niemals Fremdwährungsanleihen in exotischen Währungen, die sehr schwankungsanfällig sind. Das Währungsrisiko ist enorm. In diesen Fällen ist ein entsprechender Rentenfonds sicherer, da er das Risiko besser streuen kann.

2. Kaufen Sie nur Qualitätsanleihen, die mindestens ein A-Rating oder noch besser eine AAA-Einstufung haben. B- und C-Anleihen sind nur für Spekulanten geeignet und bergen das Risiko eines Totalverlusts in sich.
3. Der Kauf einer Anleihe über eine Direktbank ist günstiger, da diese Banken eine geringere Provision für den Kauf über die Börse berechnen.
4. Wen sich ein Zinsanstieg abzeichnet oder die Zentralbank andeutet, sie werde die Zinsen mittel- oder langfristig aufgrund der Inflationsgefahr erhöhen, sollten Sie nur Anleihen mit kurzfristiger Laufzeit wählen. Anleihen sinken in ihrem Kurs, wenn das Zinsniveau steigt. Sie machen dadurch Verluste, wenn Sie die Anleihen vor der Endfälligkeit über die Börse verkaufen.
5. Es ist sinnvoller, Qualitätsanleihen selbst zu kaufen statt auf einen Rentenfonds zu setzen. Beim Kauf von Bundesanleihen oder -obligationen können Sie nicht viel falsch machen, wenn Sie die Anleihen bis zur Endfälligkeit halten.

Anleihen können eine sinnvolle Depotbeimischung sein, da sie eine andere Anlageklasse sind und daher das Gesamtrisiko stärker streuen und reduzieren.

17.4   Zertifikate

Zertifikate gibt es erst seit einigen Jahren in Deutschland. Sie sind Schuldverschreibungen, also Anleihen, die von einer Bank herausgegeben wurden und deren Wert an einen Index, einen Rohstoff oder eine Aktienauswahl gekoppelt ist. Die Zahl der Zertifikate hat in den letzten Jahren sprunghaft zugenommen, denn als Anlageinstrument sind sie sehr flexibel und vielseitig.

Beispielsweise gibt es Indexzertifikate auf den DAX. Hätte ein Anleger früher den DAX kaufen wollen, so hätte er alle 30 Aktien, die im DAX vertreten sind, in der entsprechenden Gewichtung kaufen müssen. Die Gebühren und der Aufwand wären enorm gewesen. Durch ein DAX-Zertifikat ist es möglich, den DAX mit einem bestimmten Bezugsverhältnis zu erwerben.

Wenn der DAX beispielsweise bei 6000 Punkten steht, dann kostet das DAX-Zertifikat bei einem Bezugsverhältnis von 1:100 60 Euro. Das Zertifikat vollzieht die Wertentwicklung des DAX genau nach.

Dieses Konzept nennt man auch passives Investieren, da man mit einem Index den Marktdurchschnitt kauft. Das Gegenteil wäre aktives Investieren durch gezielte Auswahl einzelner Aktien (das Stockpicking).

Anfangs wurde das passive Investieren als langweilig und träge belächelt; inzwischen setzen diese Methode jedoch immer mehr Privatanleger und institutionelle Investoren ein – allen voran die amerikanischen Pensionsfonds, die Milliardensummen verwalten. Es hat sich gezeigt, dass das direkte Investieren in Einzelaktien oder Investmentfonds meist weniger lukrativ ist als das passive Investieren, denn die hohen Gebühren bei Investmentfonds wirken sich nachteilig aus; und oft liegen auch Experten bei der Aktienauswahl daneben. Das passive Investieren hat den Vorteil, dass man immer genauso gut oder genauso schlecht wie der Durchschnitt des Marktes abschließt.

Hinzu kommt, dass Börsenindizes meist sehr breit angelegt sind und daher eine große Risikostreuung ermöglichen. Während der DAX nur 30 Standardwerte enthält, umfasst der Index der amerikanischen Technologiebörse NASDAQ immerhin 100 Aktien. Einzelne Indizes wie der Russell 2000, der die wichtigsten amerikanischen Aktien mit einschließt, bringt es auf 2000 Werte. Diese hohe Streuung ist ein deutlicher Vorteil, der sich durch Indexzertifikate nutzen lässt. Es ist auch möglich, Indizes zu wählen, die sich auf einzelne Regionen, Aktienauswahlen (Baskets) oder Branchen beziehen.

Darüber hinaus gibt es Zertifikate, die einzelne Strategien umsetzen, mit deren Hilfe man eine Überrendite erzielen möchte. Solche Strategien konzentrieren sich beispielsweise auf technische Indikatoren, wie man sie aus der Chartanalyse kennt, oder auf einzelne Kennzahlen, wie dies bei der Dividendenstrategie der Fall ist.

Es gibt auch viele Zertifikate, die den Preis eines Rohstoffs abbilden. Das Spektrum der Rohstoffe reicht von den Edel- und Industriemetallen bis hin zu Erdöl, Erdgas und landwirtschaftlichen Produkten wie Mais, Kakao oder Weizen.

Wenn man Zertifikate kaufen möchte, sollte man folgende Grundsätze beachten:

1. Kaufen Sie Zertifikate, die eine breite Streuung über einen Index ermöglichen. Am besten ist es, wenn Sie ein Zertifikat wählen, das sich auf eine ganze Region bezieht (z.B. Europa, Nordamerika, Südostasien). Man kann sogar in einen Index der Weltwirtschaft investieren, den so genannten *MSCI World*; jedoch sind die Wertsteigerungen verhältnismäßig gering, da die vielen Länder der Welt zusammengenommen eher eine spärliche Performance vorweisen. Besser ist es, Sie setzen gezielt auf Wachstumsregionen.

2. Zertifikate sollte man eher langfristig halten, um in den Genuss der Wertsteigerungen zu kommen. Der DAX beispielsweise, der im Jahre 1988 erstmals veröffentlicht wurde, hatte eine Ausgangsbasis von 1000 Punkten. Heute notiert der DAX bei über 7000 Punkten (im Jahr 2008). Als in den USA Anfang der 1970er Jahre die erste Computerbörse mit überwiegend Technologiewerten gegründet wurde, legte man den Index NASDAQ bei 100 Punkten als Ausgangswert fest. Inzwischen liegt der NASDAQ bei über 1800 Punkten (im Jahr 2008). Allein an dieser Entwicklung der Indizes können Sie ersehen, dass sich ein langfristiges passives Investieren in den Index über mehrere Jahrzehnte gelohnt hätte.

3. Achten Sie beim Kauf von Zertifikaten auf die Bonität des Herausgebers. Wie bereits erwähnt sind die Zertifikate rechtlich Schuldverschreibungen. Wenn die emittierende Bank Insolvenz anmelden muss, ist das Zertifikat plötzlich wertlos. Aus diesem Grund sind Experten zurückhaltend, wenn es darum geht, Zertifikate für die private Altersvorsorge zu empfehlen. Angesichts der sich ausweitenden Hypothekenmarktkrise in den USA sind einige Banken in eine finanzielle Schieflage geraten. In Deutschland waren insbesondere einige Landesbanken betroffen. Deshalb sollten Sie die Bonität der Emissionsbank sehr genau prüfen, wenn Sie Zertifikate für die private Altersvorsorge einsetzen wollen.

4. Kaufen Sie keine Zertifikate, deren Mechanismus Sie nicht verstehen oder die eine Hebelwirkung mit einschließen. Die Banken kreieren immer komplexere Produkte, deren Wirkungsweise selbst für Experten kaum noch transparent ist. Verzichten Sie auf solche komplizierten Zertifikate. Sie sollten außerdem niemals Hebelzertifikate kaufen. Bei den

meisten gibt es eine Knock-out-Schwelle. Wenn der zugrunde liegende Wert (das Underlying) die Schwelle unterschreitet oder nur berührt, wird das Zertifikate sofort wertlos. Solche Anlageinstrumente eignen sich nur für äußerst risikobewusste Spekulanten, und selbst denen möchte man eher abraten.

5. Nutzen Sie die Möglichkeit eines Zertifikatesparplans. Was viele Anleger nicht wissen, ist, dass es neben den Fondssparplänen auch bei vielen Banken und vor allem Direktbanken Zertifikatesparpläne gibt. Bei diesen haben Sie die Möglichkeit, auch Bruchteile von Zertifikaten zu erwerben, und Sie erzielen aufgrund der monatlichen Raten einen durchschnittlichen Einkaufspreis und nutzen somit das so genannte Cost Averaging.

Zertifikate sind ein interessantes und flexibles Anlageinstrument, das Ihnen besser hilft, Ihre finanziellen Ziele zu erreichen.

17.5   Ziele und Planung des Vermögensaufbaus

Führungskräfte sollten ihren Vermögensaufbau systematisch planen und sich konkrete und realistische Vermögensziele setzen. Die Planung ist stets langfristig ausgerichtet und beginnt mit einer akribischen Bestandsaufnahme, die das bereits vorhandene Vermögen erfasst. Jede Führungskraft benötigt für eine erfolgreiche und bedeutende Karriere ein gewisses Vermögen, das einen repräsentativen Lebensstil erlaubt; daher ist es von entscheidender Bedeutung, sich frühzeitig mit der Vermögensplanung zu befassen und die entsprechenden Schritte einzuleiten.

Als erstes sollte man sich bewusst machen, welche Vermögensziele man anstrebt und wie man diese konkretisieren kann. Das wichtigste generelle Vermögensziel für erfolgreiche Führungskräfte ist es, die finanzielle Unabhängigkeit zu erreichen, denn erst durch diese kann man die Karriereplanung ohne Einschränkungen vornehmen. Wer finanziell unabhängig ist, kann zwischen mehreren Karriereoptionen frei wählen und sich die besten Angebote heraussuchen.

Im nächsten Schritt sollte man dieses Ziel konkretisieren: Was bedeutet finanzielle Unabhängigkeit in der Praxis? Wie hoch müssen die Einnahmen aus Vermögensquellen sein, damit man sich finanziell als unabhängig bezeichnen kann. Die erforderliche Höhe der Einnahmen variiert je nach Anspruchsniveau und den individuellen Lebensumständen. Das Einkommen, das aus Vermögensquellen resultiert, sollte indes so hoch sein, dass man bequem davon leben und den repräsentativen Standard aufrecht erhalten kann.

Um ein solch ambitioniertes Ziel zu erreichen, bedarf es einer umfassenden Planung. Man sollte sich überlegen, wie man das Vermögen auf einzelne Anlageschwerpunkte und Assets verteilt und welche Renditen zu erzielen sind. Früher gab es die Grundregel, ein Vermögen sollte zu jeweils einem Drittel in Aktien, Anleihen und Immobilien angelegt werden. Diese schematische Regel ist heutzutage nicht mehr sinnvoll, da andere Assetklassen wie beispielsweise Rohstoffe zur einer stärkeren Optimierung und Diversifikation des Portfolios beitragen können. Eine andere Formel lautet, dass der prozentuale Aktienanteil am Wertpapierdepot 100 minus Lebensalter erreichen sollte; bei einem 40-Jährigen entspräche dies einer Aktienquote von 60 %.

Obwohl solche Grundsatzregeln durchaus Sinn machen können, ist es empfehlenswerter, die individuelle Risikobereitschaft stets mit einzubeziehen. Für konservativ ausgerichtete Anleger kann ein Aktienanteil von 60 % bereits zu riskant sein. Angesichts der starken Schwankungen an der Börse, die durch die Hypothekenmarktkrise ausgelöst wurden, ist die Zurückhaltung und Vorsicht mancher Investoren nachvollziehbar.

Ein Portfolio sollte stets ein hohes Maß an Diversifikation aufweisen; je breiter die Streuung über viele Regionen, Währungen, Branchen und Assetklassen (Aktien, Anleihen, Rohstoffe, Immobilien) erfolgt, desto mehr wird das Risiko eingedämmt. Dies ist vor allem dann der Fall, wenn man Assetklassen wählt, die nicht miteinander korrelieren, d.h. deren Wertentwicklung unabhängig von anderen Vermögensklassen verläuft.

Jedes Vermögensportfolio sollte neben Anleihen, Immobilien und Rohstoffen auch am Aktienmarkt engagiert sein, wobei die Einzelaktien bei defensiven Wertpapierdepots eher im Hintergrund stehen und andere Wertpapiere wie Zertifikate und Investmentfonds vorteilhafter sind, da sie eine breitere Streuung des Wertpapiervermögens ermöglichen.

Jede Vermögensplanung orientiert sich an einem Lebenszyklusmodell. Mit zunehmendem Alter ist es wichtig, das Vermögensportfolio entsprechend auszurichten und einige Assetklassen neu zu gewichten. Je älter man wird, desto mehr ist eine Reduzierung des Aktienanteils empfehlenswert; dafür sollte man die im Depot vorhandenen Rentenpapiere aufstocken und den Schwerpunkt auf sichere Qualitätsanleihen setzen.

Mit Eintritt des Ruhestandes empfiehlt es sich, einen Auszahlungsplan zu konzipieren, der entweder eine lebenslange Rente vorsieht oder zumindest Auszahlungen über einen mehrere Jahrzehnte umfassenden Zeitraum sicher stellt.

Je genauer eine Führungskraft bereits von Anfang an das Vermögen plant, desto größer ist langfristig der finanzielle Erfolg, der auch die eigene Karriere und den beruflichen Erfolg fördert und unterstützt.

Literatur

Ahrend, Peter: Gesetz zur Verbesserung der betrieblichen Altersversorgung. Kommentar. 10. Aufl. München: C. H. Beck, 2005.

Badura, Bernhard; Ritter, Wolfgang; Scherf, Michael: Betriebliches Gesundheitsmanagement. Ein Leitfaden für die Praxis. Berlin: Edition Sigma, 1999.

Balodis, Holger: Berufsunfähigkeit gezielt absichern: Der gesetzliche Minimalschutz bei Erwerbsminderung; Versorgungslücken schließen mit der Berufsunfähigkeitsversicherung; der Weg zum passenden Vertrag – für Arbeitnehmer, Beamte und Selbständige. Berlin: Stiftung Warentest, 2003.

Becker, Fred G.; Kramarsch, Michael H.: Leistungs- und erfolgsorientierte Vergütung für Führungskräfte. Göttingen, Bern, Wien u.a.: Hogrefe Verlag, 2006.

Bernard, Ursin: Leistungsvergütung: Direkte und indirekte Effekte der Gestaltungsparameter auf die Motivation. Wiesbaden: Dt. Universitäts-Verlag, 2006.

Blaurock, Uwe: Handbuch der stillen Gesellschaft. 6. Aufl. Köln: Verlag Otto Schmidt, 2003.

Bohinc, Tomas: Karriere machen ohne Chef zu sein. Praxisratgeber für eine erfolgreiche Fachkarriere. Offenbach: Gabal, 2008.

Buttler, Andreas: Einführung in die betriebliche Altersversorgung. 5., neu bearb. und aktualisierte Aufl. Karlsruhe: VVW, 2008.

Della Pietra, Marino; Schäffler, Stephan: Aktienoptionen & Co.: Erfolgsabhängige Managergehälter in Theorie und Praxis. Saarbrücken: VDM, 2007.

Eckhard Voß; Peter Wilke; Klaus Maack: Mitarbeiter am Unternehmen beteiligen: Modelle, Wirkungen, Praxisbeispiele. Wiesbaden 2003.

Eyer, Eckhard; Haussmann, Thomas: Zielvereinbarung und variable Vergütung: ein praktischer Leitfaden – nicht nur für Führungskräfte. 3., erw. Aufl. Wiesbaden: Gabler, 2005.

Femppel, K.; Zander, E.: Leistungsorientierte Vergütung. Köln 2000.

Gelhausen, Stephan: Die betriebliche Altersversorgung: attraktiv für Arbeitgeber und Arbeitnehmer. 6. Aufl. Karlsruhe: Verlag Versicherungswirtschaft, 2007.

Gelhausen, Stephan: Die private Berufsunfähigkeitsversicherung: Risikoschutz und Existenzsicherung. Karlsruhe: Verlag Versicherungswirtschaft, 2006.

Heuchert, Oliver: ZDF WISO, Risiko Berufsunfähigkeit: Gesetzliche Ansprüche berechnen, private Absicherung, Versicherungsschutz bei Vorerkrankungen. Frankfurt am Main, New York: Campus Verlag, 2006.

Hromaka, W.: Entgeltsysteme der Zukunft. Stuttgart 1995.

Jetter, F.; Skrotzki, R.: Handbuch Zielvereinbarungsgespräche. Stuttgart: Schäffer-Poeschel Verlag, 2000.

Kramarsch, Michael H.: Aktienbasierte Managementvergütung. 2., überarb. und erw. Aufl. Stuttgart: Schäffer-Poeschel, 2004.

Kübler, Jana: Vorstandsvergütung und Corporate Governance: Grundlagen, Probleme, Praxis. Saarbrücken: VDM, 2006.

Kümmerle, Katrin; Buttler, Anreas; Keller, Markus: Betriebliche Zeitwertkonten. Einführung und Gestaltung in der Praxis. Heidelberg, München, Landsberg, Berlin: Rehm Verlag, 2006.

List, Karl-Heinz: Eignungs- und Leistungsbeurteilungen. Einstellungsgespräche, Leistungs-beurteilungen, Zielvereinbarungen, Jahresgespräche und Arbeitszeugnisse, Landsberg 2007.

Lukas, Christian: Leistungsorientierte Vergütung als Qualifizierungsanreiz. Wiesbaden: Deutscher Universitäts-Verlag, 2005.

Reichmann, L.: Entgeltflexibilisierung. Köln 2002.

Rischar, Klaus: Leistungsorientierte Bezahlung: Chancen und Risiken. Renningen: Expert-Verlag, 2007.

Rohde, Silke: Betriebliche Altersversorgung. Kissing: WEKA-Media, 2007.

Schneider; Fritz; Zander: Erfolgs- und Kapitalbeteiligung der Mitarbeiter. Düsseldorf 2007.

Stadtmüller, Christian: Die betriebliche Altersversorgung: Rechnungslegung, Unternehmens-bewertung und Rating. Saarbrücken: VDM, 2007.

Voit, Wolfgang; Neuhaus, Kai J.: Berufsunfähigkeitsversicherung. 2. Aufl. München: C. H. Beck, 2008.

Wagner, Gert; Hiemer, Wolfgang: Clever vorsorgen: Geld vom Staat – so schöpfen Sie alle Vorteile aus. Riester, Rürup und betriebliche Vorsorge richtig nutzen und Vermögen bil-den. Berlin, Regensburg: Walhalla-Fachverlag, 2007.

Wagner, Gert: Die neue Renten- und Pensionsbesteuerung. Regensburg, Berlin: Walhalla Fachverlag, 2004.

Weinmann, Hermann: Vorsorge der Führungskräfte: Vermögensbildung und Altersversor-gung richtig planen. Karlsruhe: VVW, 2002.

Wolf, Gunther: Variable Vergütung – Genial einfach Unternehmen steuern, Führungskräfte entlasten und Mitarbeiter begeistern. Hamburg: Verlag Dashöfer, 2005.

Zöllner, D.: Soziale Sicherung. München: Oldenbourg Verlag, 1997.

Stichwortverzeichnis

Real Estate
Investment Trusts weltweit.

Gerald Pilz
Immobilienaktien und REITs
Investmentchancen für Anleger

2007 | XVIII, 171 S. | gb.
€ 32,80
ISBN 978-3-486-58239-0

Neben den in Deutschland börsennotierten Immo-
biliengesellschaften, die in ausführlichen Einzel-
porträts vorgestellt werden, bietet das vorliegende
Werk einen Überblick über die Strukturen, Rechtsformen und Rahmenbedingungen von Real Estate
Investment Trusts weltweit. Der Autor zeigt Chancen
und Risiken unterschiedlicher Finanzanlagen im
Immobilienbereich auf. Er systematisiert dabei
sämtliche finanzielle Aspekte rund um Immobilienaktien und Real Estate Investment Trusts (REITs).
Dabei werden beispielsweise sowohl steuerliche
Argumente als auch Überlegungen zur künftigen
Marktentwicklung ausführlich erläutert.

**Das Buch richtet sich an alle, die sich für Finanz-
fragen und Fragen der Altersvorsorge interessie-
ren. Immobilien sind in Deutschland, was die
Beliebtheit und Wertschätzung anbelangt, die
Anlageklasse Nummer Eins – weit vor allen anderen Investments. Zur Zielgruppe gehören sowohl
institutionelle Investoren als auch Privatanleger.**

Dr. Dr. Gerald Pilz lehrt an
der Berufsakademie Stuttgart
und ist Autor zahlreicher
Wirtschaftsfachbücher sowie
Unternehmensberater.

Oldenbourg

Grundwissen zur Geldanlage

Hermann May
Geldanlage
Vermögensbildung
3., völlig überarbeitete, aktualisierte Auflage
2007. XIV, 227 Seiten, gebunden
€ 29,80, ISBN 978-3-486-58151-5

Eine umfassende und anschauliche Einführung in
die Grundlagen der Geldanlage.

Um selbstverantwortlich Geld anlegen zu können,
muss der Investor über solides und zugleich ein-
schlägiges Grundwissen verfügen.

Neben allgemeinem Wissen über die Vermögensbildung in Deutschland, Geldanlageziele, die
Struktur und Dauer von Geldanlagen, Anlagebera-
tung sowie die Haftung und Vermögensverwal-
tung stellt May Geld- und Sachwertanlagen,
gemischte Anlagen, Termingeschäfte, die Vermögenswirksame Anlage sowie betriebliche und private Möglichkeiten der Altersvorsorge ausführlich
und anschaulich dar. Darüber hinaus enthält das
Buch Erläuterungen zur Besteuerung von Geldanlagen.

Dieses Buch ist für Geldanleger von heute und
morgen.

Prof. Dr. Hermann May ist
geschäftsführender Leiter des
Zentrums für ökonomische
Bildung in Offenburg.

Oldenbourg

www.ingramcontent.com/pod-product-compliance
Lightning Source LLC
Chambersburg PA
CBHW050641190326
41458CB00008B/2361